AF130899

WALLY GRUBER

DER FEIND IN MEINER EHE

28 JAHRE
MIT EINEM NARZISSTEN

novum pro

Dieses Buch ist auch als
e-book
erhältlich.

www.novumverlag.com

Bibliografische Information
der Deutschen Nationalbibliothek:

Die Deutsche Nationalbibliothek
verzeichnet diese Publikation in
der Deutschen Nationalbibliografie.
Detaillierte bibliografische Daten
sind im Internet über
http://www.d-nb.de abrufbar.

Alle Rechte der Verbreitung,
auch durch Film, Funk und Fernsehen,
fotomechanische Wiedergabe,
Tonträger, elektronische Datenträger
und auszugsweisen Nachdruck,
sind vorbehalten.

© 2021 novum Verlag

ISBN 978-3-99107-820-3
Lektorat: Mag. Elisabeth Pfurtscheller
Umschlagfotos:
Milyova, Yingko | Dreamstime.com
Umschlaggestaltung, Layout & Satz:
novum Verlag
Innenabbildungen: Wally Gruber

Gedruckt in der Europäischen Union
auf umweltfreundlichem, chlor- und
säurefrei gebleichtem Papier.

www.novumverlag.com

Meinen drei Kindern

Vorwort

Es ist der 3. August 2020 – der erste Tag einer neuen Idee.

„Ich werde ein Buch schreiben!"

Noch nie hatte ich mich vorher mit diesem Thema beschäftigt. Aber nun ist es ganz klar, dass ich das tun muss. Tun muss, um endlich die Heilung für meine Seele einzuleiten. Tun muss, um der Welt zu zeigen, dass mein Mann, der mich seit 28 Jahren unterdrückt und demütigt, nicht der tolle, bewunderungswürdige, kreative, wohlhabende Mensch ist, den viele in ihm sehen. Er ist anders. Das Buch ist keine Abrechnung mit meinem Mann, es ist eine Befreiung.

Ich muss dieses Buch auch schreiben, für die zahlreichen Menschen, die unter narzisstisch gestörten Partnern leiden, sei es im privaten oder beruflichen Bereich, und diese Bürde nicht loswerden können. Leider habe ich selbst viel zu spät gemerkt, dass ich mit einem Narzissten verheiratet bin – seit mittlerweile 27 Jahren.

Dabei geht es mir in diesem Buch nicht darum, „schmutzige Wäsche in der Öffentlichkeit zu waschen", sondern darum, zu zeigen, dass sich Frauen wehren können, wenn schon nicht körperlich, dann mit alternativen Methoden. Ich schreibe dieses Buch als energetischen Ausgleich. Meine Ehejahre haben mich viel Energie gekostet. Zu viel. Vielleicht kommt nun ein bisschen davon wieder zurück zu mir.

In meinem privaten Umfeld trennen sich nach langen Ehejahren immer mehr Frauen von ihren Männern, da sie diese narzisstischen Tendenzen bei ihren Partnern einfach nicht mehr aushalten. Auch für diese Leidensgenossinnen schreibe ich dieses Buch. Ich möchte sie wissen lassen, dass sie nicht alleine sind und dass nicht SIE es sind, die ein verkehrtes Weltbild in sich tragen. Durch den jahrelangen Umgang mit einem Narzissten ist es schwer, seinen Selbstwert aufrechtzuerhalten. Kopf und Seele werden systematisch mürbe gemacht, die Selbstzweifel werden immer mehr. Es kostet unglaublich viel Kraft, diesem Vorgehen Paroli zu bieten.

Viele haben diese Kraft nicht mehr. Auch für sie schreibe ich dieses Buch.

Auch für meine drei erwachsenen Kinder. Sie haben kaum Ahnung, wie es mir emotional geht, wie ich die vielen Ehejahre überstanden und erduldet habe, auch um sie zu schützen. Niemand weiß, wie es in mir aussieht. Auch deshalb muss ich dieses Buch schreiben.

Aufarbeitung und Psychohygiene.

Namen und Orte in diesem Buch sind verändert. Die Geschichte aber ist genauso passiert. Ein Tatsachenbericht. Alles ist wahr und von mir so erlebt.

Wally Gruber

1

Wie alles begann

Ich habe seine über alles geliebten Chilipflanzen vergiftet. Nicht alle, aber einige. Von ihm selbst gezogen, permanent gepflegt und gehätschelt, manche so scharf, dass sie ein normaler Mensch nicht essen kann und man selbst zum Schneiden Handschuhe anziehen muss. Sie wachsen im Wintergarten, das quasi als Gewächshaus fungiert.

Nun werden vier von ihnen sterben, da ich eine große Portion Salz in den Topf mit Erde gestreut habe. Nun geht es mir besser. In den letzten 28 Jahren habe ich alles probiert: Ich habe diskutiert, ich habe geweint, ich habe getobt, ich habe gefragt. Aber nichts hat geholfen, um meinen Mann dazu zu bewegen, mich nicht mehr mit Worten zu demütigen. Ein verbaler Schlag tut genauso weh wie ein Schlag ins Gesicht. Ich fühle mich misshandelt. Seit vielen Jahren.

Heute habe ich beschlossen, mich aktiv zu wehren. Vier Chilipflanzen werden sterben. Es ist der 4. Juli 2020.

Wie konnte es zu dieser Aktion kommen, die so gar nicht zu meiner Person passt?

Ein langer Weg.

Im Spätsommer 1992 besuchte ich meine Eltern in einer bayerischen Kleinstadt. Mein Vater holte mich ans Telefon, es sei ein Matthias Gruber dran, der fragte, ob hier noch die Wally wohnen würde. Matthias Gruber? Das lag aber sehr lang zurück ...

1975 war ich mit meinen Eltern samt Bruder am Goldstrand in Bulgarien im Urlaub. Es dauerte nicht lange und wir hatten einen sehr netten Kontakt zur Familie Gruber, zu Hause am anderen Ende von Bayern und nun am selben Strand ihren Urlaub verbringend. Der Sohn Matthias war ein recht lustiges, aufgewecktes Bürschchen und wir beiden Zehnjährigen verbrachten viel Zeit zusammen mit Schwimmen, Karten spielen und Quatsch machen. Zwei Wochen gingen schnell vorbei und wir begannen eine Brieffreundschaft, die für die nächsten fünf Jahre bestehen sollte. Es war jedes Mal sehr schön, Post von Matthias zu bekommen, vor allem, weil er seine Geschichten immer mit lustigen Zeichnungen dekorierte. Als ich eines Tages einen Brief losschickte, darin ein Foto von meinem Tanzpartner und mir, aufgenommen am Abschlussball des Schultanzkurses, bekam ich keine Antwort mehr. Die Brieffreundschaft war eingeschlafen, Matthias mit seiner Familie an einen anderen Ort gezogen. Sehr viel später sollte ich erfahren, dass er schlichtweg eifersüchtig war. Er behauptet, er sei damals schon in mich verliebt gewesen.

Jener Matthias also, den ich 17 Jahre nicht mehr gesehen hatte, rief bei meinen Eltern an, bei denen ich an diesem Tag zu Besuch war. Es war, als würde nach langer Zeit ein alter Freund mit mir Kontakt aufnehmen. Es fühlte sich vertraut an.

Matthias sagte, er hätte in nächster Zeit geschäftlich in meiner Gegend zu tun und würde sich auf ein Treffen mit mir freuen.

Zwei Wochen später trafen wir uns zu einem schönen Abendessen. Er war sehr großzügig und übernahm die Rechnung. Der Abend war kurzweilig und sehr amüsant. Matthias hatte viele Geschichten zu erzählen. Als Geschäftsführer einer Werbeagentur war er sehr erfolgreich. Hauptsächlich produzierte er Musik für Rundfunkwerbespots in seinem Tonstudio. Ich war beeindruckt. Sportlich hatte er sich die Ausdauersportart Schwimmen ausgesucht. Das passte wie die Faust aufs Auge zu meinem Leben. Ich hatte Musik und Sport studiert und war an einer Realschule als Lehrerin tätig.

Ein gut aussehender, charmanter, junger Mann. Witzig, großzügig, humorvoll, interessant. Wir hatten viel Spaß schon am ersten Abend. Es fühlte sich schon wieder vertraut an.

In drei Wochen würde ich in seiner Stadt zu einem Tanzworkshop sein. Seine Einladung, an jenem Wochenende bei ihm zu übernachten, konnte ich quasi nicht ablehnen. Es prickelte zu sehr.

Das Wochenende wurde ein sehr verliebtes. Ein Livekonzert in einer Diskothek tat ihr Übriges. Ich hatte Feuer gefangen.

Unsere Wohnungen lagen 200 Kilometer voneinander entfernt. Wir besuchten uns gegenseitig abwechselnd an den Wochenenden. Wir beide waren unfassbar verliebt. Nach bereits sechs Wochen feierten wir inoffiziell Verlobung und tauschten Ringe.

„Weg von der Straße!" – Das war mein Spruch. Ich hatte mich festgelegt.

Die offizielle Verlobung fand mit Familien und Verwandten weitere vier Wochen später statt. Die kleine Feier war stilvoll und jeder konnte nun sehen: Wir gehören zusammen. Mehr als 17 Jahre nach unserem ersten Zusammentreffen hatten wir uns dazu entschlossen.

Die weiteren Wochen und Monate waren geprägt von gegenseitigen Besuchen an den Wochenenden. Jeden Montag wartete ein großer Blumenstrauß vor meiner Wohnungstür. Ich war sehr beeindruckt von so viel Aufmerksamkeit.

Heute weiß ich, dass Narzissten Meister darin sind, eine positive Fassade aufzubauen: freundlich, redegewandt, charmant, attraktiv, interessant, erfolgreich – das sind die Attribute, mit denen Narzissten im frühen Stadium einer Beziehung beschrieben werden. „Love Bombing" ist das Mittel der Wahl. Die Begehrte wird mit Aufmerksamkeiten quasi überschüttet, damit nicht der leiseste Zweifel an der Ernsthaftigkeit der entgegengebrachten Zuneigung entsteht. Diese Hingabe ist aber nicht ehrlich gemeint, sondern pures Kalkül und dient nur dazu, den anderen zu manipulieren. Kritische Gedanken beim Partner werden mit der Taktik „ganz schnell und ganz viel" weggewischt. Mit Aufmerksamkeiten und Schmeicheleien lullen Narzissten andere Menschen ein, von denen sie sich narzisstische Zufuhr versprechen und die sie deshalb rasch und fest an sich binden möchten.

Die Schulferien verbrachte ich in seiner Stadt, lernte die Mitarbeiter der Werbeagentur kennen und Matthias und ich hatten eine wirklich schöne Zeit mit viel Verliebtheit und großer gegenseitiger Zuwendung. Ganz besonders schön war ein Trip zum Jahreswechsel 1992/93 nach Verona, Florenz, Siena und Venedig. In Venedig fiel mir zum ersten Mal auf, dass Matthias die italienischen Namen aus dem Reiseführer unglaublich übertrieben aussprach, so als wollte er zeigen, wie toll sein Italienisch sei. Das war irgendwie verstörend für mich, brauchte er die italienische Sprache doch genau wie ich in erster Linie dazu, um im Restaurant die richtigen Speisen zu bestellen. Warum diese Übertriebenheit? Komisch.

Das nächste komische Gefühl: Eines Morgens, es war nach dem Frühstück in meiner Wohnung, hatte ich kurz das Gefühl, dass mich dieser Mann genau in diesem Moment, an diesem Ort stören würde. Verwirrend! Ich konnte mir dieses Bauchgefühl nicht erklären, schob es ganz schnell beiseite und begab mich wieder in meine heile Welt. Alles war doch gut so, wie es war ... Aus heutiger Sicht würde ich sagen: Hätte ich doch bloß auf mein untrügliches Bauchgefühl gehört!

Wir waren verliebt! Die montäglichen Blumensträuße blieben. Matthias bemühte sich sehr um mich und war ein toller Partner an meiner Seite. Mir gefielen seine Kreativität und sein Humor, seine coolen und selbstbewussten Sprüche. Sein Auftreten war souverän, das Benehmen vorbildlich. Er kam aus einem guten, soliden Elternhaus. Der Großvater war nach dem Zweiten Weltkrieg sehr schnell zu einem erfolgreichen Großindustriellen aufgestiegen. Der Vater Physiker, die Mutter als evangelische Katechetin an verschiedenen Schulen beschäftigt. Die Eltern hatten sich getrennt, als Matthias 15 Jahre alt war. Der jüngere Bruder studierte Physik, die jüngere Schwester Psychologie. Matthias hatte einige Semester Jura studiert, bevor er das Angebot von seinem zukünftigen Geschäftspartner bekam, in die Werbeagentur einzusteigen. Das Studium hatte er also abgebrochen und war von da an nur als kreativer Kopf, Musiker und Produzent in der Agentur beschäftigt. Der Erfolg gab ihm recht. Es ging steil bergauf und die Agentur hatte große Aufträge an Land gezogen. Mehrere Mitarbeiter wurden eingestellt.

Als ich 1992 den Betrieb kennenlernte, waren außer den beiden Geschäftsführern eine Grafikerin und eine Sekretärin beschäftigt. Bald kamen Texter und Produzenten dazu. Auch der Vertrieb wurde erweitert. Sänger*innen und Sprecher*innen gingen ein und aus und es war ein sehr interessantes neues Umfeld, das ich kennenlernen durfte. Berühmte Synchronstimmen wurden gebucht. Faszinierend außerdem die Kontakte zu privaten und öffentlichen Rundfunkstationen, bei denen die Werbespots eingebucht wurden. Überall interessante Menschen, die mich beeindruckten und ihre Spuren in meinem jungen Leben hinterließen. Einblick zu bekommen in ein Metier, das ich bisher nicht kannte, fand ich unglaublich bereichernd und freute mich auf jeden Besuch in seiner Stadt und seiner Wohnung.

Im April 1993 stellte ich mit deutlicher Überraschung fest, dass ich ein Kind erwartete. Nun gut, ich war Ende zwanzig und bereits verlobt. Wir überlegten, was wir tun sollten, und kamen zum Entschluss bald zu heiraten.

Alles wurde schnell und gründlich organisiert und somit heirateten wir im Juli 1993 – lustigerweise in derselben Kirche, in der seine Eltern geheiratet hatten – und feierten ausgiebig mit circa hundert Gästen auf dem Land in der Nähe meines damaligen Lebensmittelpunktes. Als Hochzeitsgeschenk überreichte mir mein Mann eine Geige, die er für mich hatte anfertigen lassen. Ich war völlig geplättet!

Ich hatte nicht gewusst, dass er Kontakt zu meinem Geigenbauer aufgenommen und die Geige in Auftrag gegeben hatte. Vor Monaten hatte er mich gefragt, was ich mir wünschen würde, wenn ich viel Geld zur Verfügung hätte. Mir fiel damals spontan eine Meistergeige von „meinem" Geigenbauer ein, die ich mir wahrscheinlich in meinem ganzen Leben nicht hätte leisten können.

Ich selbst stamme aus eher, wie man so schön sagt, bescheidenen Verhältnissen. Eine fleißige Arbeiterfamilie. Eine Großmutter, die den Krieg durchgestanden hat und vergebens auf ihren im Krieg gefallenen Mann gewartet hat.

Trotz der sehr bescheidenen Verhältnisse hatte meine Großmutter in einer bayerischen Kleinstadt ein Haus gebaut und einen großen Garten angelegt. Hühner, Enten, Gänse und Hasen gehörten genauso zur Familie wie ein bis zwei Schweine, die ge-füttert wurden, um sie später zu schlachten. Mit viel Fleiß und Hartnäckigkeit ernährte die Großmutter die Familie. Kochte, versorgte Vieh und Garten. Im Urlaub war sie so gut wie nie. Bei ihr bin ich aufgewachsen, da meine Eltern beide arbeiten mussten. Wir alle wohnten in einem Haus. Die Eltern hatte ich nicht vermisst. Ich hatte ja die Oma. Eine resolute, dicke Frau. Sie war es, die so lange im Wald Heidelbeeren gesammelt und sie verkauft hatte, bis sie es sich leisten konnte, mir ein Akkor-deon zu kaufen. Ich wollte zwar lieber Klavier oder Orgel spie-len, aber diese Instrumente waren für meine Familie zu teuer. Also ging ich drei Jahre in den Musikunterricht und lernte Ak-kordeon spielen. Zur Geige kam ich im Gymnasium, als mein Musiklehrer mich fragte, ob ich das Instrument spielen wolle. Er bräuchte Nachwuchs für sein Schulorchester. Also erlernte ich zusätzlich auch das Geigenspiel und spiele heute noch regel-mäßig in einem Sinfonieorchester. Mehr als 35 Jahre Orchester-spiel führten mich unter anderem auf Konzertreisen nach Ja-pan und Südtirol. Ich liebe es, mich in dem Orchesterklang zu baden und mit meinen Musikerkollegen*innen klassische Mu-sik aktiv erleben zu dürfen. Es ist ein Geschenk.

Sozialisiert wurde ich in Kinderjahren von meinen Nach-barjungs. Alle zwei bis drei Jahre älter als ich. Jeden Tag gab es andere Mutproben zu bestehen, bei denen ich nicht selten die Erste war, die sie durchführte, nur um meinen Jungs zu bewei-sen, dass ich eben nicht „die Kleine" war. Die ganzen Sommer-ferien durch gab es Völkerball auf der Straße, einer Sackgasse mit sehr wenig Verkehr.

Die Erziehung durch meine Eltern war streng. Sie waren 19 und 21 Jahre jung, als ich zur Welt kam. Meine Mutter, sehr dominant, mein Vater gutmütig mit einem gesunden Humor. Aber auch er war streng. Über all die Jahre habe ich mich mit meinem Vater immer besser verstanden als mit meiner Mut-ter. Sie ist eine eifersüchtige, neidische Frau – beides Charak-terzüge, die mir selbst absolut fremd sind. Die motorische Be-gabung habe ich von meinem Vater vererbt bekommen. Er ist sehr sportlich und kommt in vielen Sportarten gut zurecht, ohne einen Trainer konsultiert zu haben. Mein Vater hat eine gutes Bewegungsgefühl.

Ausgestattet mit diesen Anlagen hatte ich ab meinem zweiten Lebensjahr mit dem Skifahren angefangen. Mit acht Jahren kam das Gerätturnen hinzu, das mir mit den Jahren zahlreiche gewonnene Wettkämpfe bescherte. Später trainierte ich auch Judo und Volleyball. Mein Wochenprogramm war gut gefüllt. Samstags besuchte ich ein Pferd in unserer Nähe, da ich ja so wahnsinnig gern reiten gelernt hätte. Aber dafür reichten die finanziellen Mittel meiner Eltern nicht. Um das Pferd durfte ich mich kümmern und auch schließlich ins Gelände reiten. Ich war glücklich. Viele Jahre hielt diese Verbindung. Im Gymnasium lief es ordentlich, ich konnte mich im Mittelfeld halten. Schulisch musste ich mich immer vorbereiten, mir ist der Stoff leider nie „zugeflogen". Fleiß hieß die Devise. Meine Eltern konnten mich kaum unterstützen. Hauptsächlich wurden die Vokabeln in Englisch und Latein von meiner Mutter abgefragt.

Durch die stete musikalische und sportliche Ausbildung in Kindheit und Jugend war es für mich kein Problem, nach dem Abitur die beiden Aufnahmeprüfungen für das Musik- und Sportstudium zu bestehen. Ich war in meinem Abschlussjahrgang die Einzige in Bayern mit dieser Fächerkombination. Das Studium hatte mir großen Spaß gemacht. Ich hatte meine Hobbys studiert und durfte sie nun unterrichten. Genauso, wie ich meine Fächer liebe, erfüllt mich auch die Arbeit mit meinen Schülern*innen.

Mein Umgang mit den jungen Menschen ist von Respekt geprägt. Ich möchte keinen Tag meines Lehrerdaseins missen. Bestätigt wurde mir meine pädagogische Arbeit durch zahlreiche positive Beurteilungen durch die Schulleiter der verschiedenen Schulen, in denen ich tätig war.

Schon zu Beginn des Studiums arbeitete ich bei einem erfolgreichen Sporttheater-Projekt mit, das mich auf viele Bühnen Deutschlands führte und bei dem ich insgesamt 23 Jahre aktiv bleiben sollte. Requisiten einladen, Anfahrt, Aufbau, Beleuchtungsproben, Vorprogramm, Bühnenshow, Abbau, Einladen und Heimfahrt waren viele hundert Mal notwendig. Teamarbeit obligatorisch. Diese Truppe war fast wie eine zweite Familie geworden nach so vielen Jahren. Das Team, allesamt Individualisten, einfach großartig in der Zusammenarbeit. 1986 hatten wir in einem Theaterzelt in München mehr als fünfzig Vorstellungen in acht Wochen gespielt. Alle ausverkauft. Ich erzähle mein früheres Leben nicht, um besonderen Eindruck zu hinterlassen. Überhaupt nicht. Ich erzähle es, damit ich – ganz einfach – mein Leben vor der Ehe in Auszügen beschreiben kann. Es war der Ist-Zustand.

Und nun sollte ich also mein erstes Kind bekommen. Mein Leben änderte sich gewaltig.

Nach der Hochzeit verbrachten wir drei Wochen auf Kuba – unsere Flitterwochen.

Ein traumhafter Urlaub mit vielen interessanten Begegnungen. Aber hier fand ein Ereignis statt, das mich sehr irritierte: Mein mir frisch angetrauter Ehemann hatte am Strand eine junge Frau bespuckt! Was war passiert?

Wir beobachteten ein Kleinkind, das einen kleinen Hundewelpen am kubanischen Strand immer wieder ins Meer geworfen hatte. Der Welpe paddelte um sein Leben zurück zum Strand, war am Ende seiner Kraft und hatte bereits viel Salzwasser geschluckt. Er tat uns sehr leid. Das Schauspiel ging eine ganze Zeit und der Welpe wurde zusehends schwächer und drohte zu ertrinken. Die Mutter des Kindes sah tatenlos zu und ließ ihren Sohn gewähren. Wir beobachteten den kleinen Jungen noch etwas, dann schritt mein Mann ein: Er machte die Mutter des Kleinkindes ausfindig, begann, sie auf Englisch zu beschimpfen. Er steigerte sich immer mehr hinein, aber die Frau sprach nur Spanisch, kein Englisch. Sie ließ ihn immer wieder wissen, dass sie ihn nicht verstehe. Das brachte Matthias so in Rage, dass er die Frau, die vor ihm auf ihrem Handtuch saß, anspuckte. Ich war wie versteinert und geschockt über seine Tat. Ich zog mich zurück auf meinen Liegeplatz und beobachtete das weitere Schauspiel. Jetzt war natürlich Feuer unterm Dach! Der halbe Strand war in Aufruhr. Ein Tourist, der eine Kubanerin bespuckt! Es wurde die Strandpolizei gerufen und der Polizist redete sehr lange auf meinen Mann ein. Viele Kubaner standen im unmittelbaren Umkreis und unterstützten ihn und die Frau.

Zu allem Übel stellte sich dann noch heraus: Es war gar nicht die Mutter des Jungen! Es war eine völlig unbeteiligte junge Frau, die von einem deutschen Touristen am Strand bespuckt worden ist. Ich wollte im Erdboden versinken.

Dass man einen anderen Menschen grundsätzlich nicht anspuckt, ist die eine Sache, aber wie muss es dieser Frau zumute gewesen sein, die mit dem ganzen Vorfall gar nichts zu tun hatte? Mir war das alles wahnsinnig peinlich. Diesen Mann hatte ich erst vor ein paar Tagen geheiratet! Das Ende vom Lied war, dass der Polizist von Matthias verlangt hatte, sich bei der Frau zu entschuldigen. Das tat er auch: Sehr theatralisch griff er mit beiden Händen ihre Hand, verneigte sich mehrmals tief vor ihr und wiederholte unzählige Male „I am sorry, I am so sorry, so sorry ...". Ein völliges Affentheater. Total unglaubwürdig. Keine ehrliche Reue. Für mich ein echter Schock! Ich hatte den ganzen Prozess beobachtet, ohne mich einzumischen, und war entsetzt über die Handlungen meines Mannes. Ich schämte mich so sehr und mir tat die Frau unendlich leid.

Matthias aber fühlte sich gut und stark und hatte nicht den Anflug eines schlechten Gewissens. Ich konnte überhaupt nichts mehr sagen. Jede Diskussion mit ihm wäre zwecklos gewesen. Er war im Recht – aus seiner Sicht. Und er hatte sich ja entschuldigt – also war alles gut. Für ihn!

Ich war schockiert! Kein Ausweg weit und breit!

2

Eine Tochter

Nach den Flitterwochen fing also für mich wieder die Schule an. Ich hatte in der Schwangerschaft überhaupt keine Beschwerden. Den Sportunterricht richtete ich danach aus, dem werdenden Kind nicht zu schaden. Alles war in bester Ordnung. Noch immer besuchten mein Mann und ich uns abwechselnd am Wochenende in unseren Wohnorten. Ende der 20. Schwangerschaftswoche machten sich erste Kindsbewegungen bemerkbar. Wie wunderbar! Und beim ersten Kind besonders aufregend! Am Telefon erzählte ich gleich Matthias davon, dass ich das Kind spüren könne und er müsste, wenn er am Wochenende zu mir kommen würde, unbedingt die Hand auf den kleinen Bauch legen, um das Wunder zu erleben. Sehr kalt und emotionslos teilte er mir mit, dass er am Wochenende nicht kommen würde, da er noch ein Projekt abschließen müsse. Das fühlte sich an wie ein Schlag ins Gesicht. Meine euphorische Stimmung fiel sofort auf den Nullpunkt.

Mein erster Gedanke: O Gott, diesen Mann hatte ich vor ein paar Wochen geheiratet!

Ich war sehr enttäuscht. Warum interessierte er sich nicht für meine Emotionen? Er hatte sein Nichtkommen nicht mal bedauert! Ich musste seine Botschaft einfach so hinnehmen. Konnte nichts dagegen tun. Zum zweiten Mal in unserer kurzen Ehe spürte ich Machtlosigkeit. Ich ging zur Selbstreflexion über. Hatte ich zu große Erwartungen an ihn? Hat er wirklich so viel Arbeit, dass er es nicht schafft, sich das Wochenende freizunehmen?

Seit der Hochzeit blieben auch die wöchentlichen Blumensträuße aus. Nicht, dass ich sie erwartet hätte, aber mir ist dieser Umstand nur aufgefallen und das habe ich gespeichert.

Ich hatte Matthias immer bewundert wegen seiner Schlagfertigkeit und seines rhetorischen Geschicks. Hier war er mir haushoch überlegen, was ich neidlos anerkannte. Körperlich eher zart und ohne große Muskelkräfte, hatte sich sein Mundwerk zu einer, wie er selbst behauptet, „Revolverfresse" entwickelt. Auf sie war er sehr stolz! Mit ihr konnte und kann er zuschlagen, dass es genauso wehtut, als ob man eine Ohrfeige bekommen würde. Sein Credo, das er in geselliger Runde gern allen Freunden und Bekannten wissen ließ, lautete: „Lieber einen Freund verlieren, als auf eine Pointe verzichten." Das klang spontan sehr lustig, aber es bewahrheitete sich über die Jahre. Richtige Freunde hat Matthias bis heute nicht.

Ende des Jahres 1993 fing die Zeit des Mutterschutzes an. Da unsere junge Familie zusammen sein sollte, zog ich in die Stadt, in der die Werbeagentur beheimatet war, 200 Kilometer entfernt von meiner Heimat. Für mich war es nie ein Problem, andere Menschen kennenzulernen und schon bald traf ich mich mit anderen werdenden jungen Müttern zur Geburtsvorbereitung. Mitte Januar 1994 kam unsere Tochter Rebekka zur Welt. Es war eine unkomplizierte Spontangeburt. Für das erste Kind dauerte die schmerzhafte Prozedur auch nicht ungewöhnlich lang. Als wir nach der Versorgung gemeinsam in unserem Bett zur Station geschoben wurden, war ich der glücklichste Mensch auf der ganzen Welt. Diesen heftigen Geburtsschmerz hatte ich nicht erwartet. Nun war aber alles gut, das Mädchen hatte perfekte Apgar-Werte und nun konnten wir uns beide im Krankenhaus erholen. Wie aufregend so eine Geburt ist! Unglaublich!

Schon am nächsten Tag schleppte ich mich zur Rückbildungsgymnastik im Krankenhaus. Nur nicht nachlässig werden! Obwohl mein Gewicht kurz vor der Geburt nur etwa 10 kg über dem Normalgewicht lag, wollte ich so schnell wie möglich wieder fit sein. Außerdem hatte ich mich schon zusammen mit dem Zwerg zum Babyschwimmkurs angemeldet. Eine sehr schöne Sache, die wir beide wenige Wochen später sehr genossen.

Meine Tätigkeit als Lehrerin an der Schule war vorerst auf Eis gelegt, da ich mich um Rebekka kümmern wollte, bis sie das

Kindergartenalter erreicht hatte. Danach könnte man ja weiterplanen. Außerdem war ich verbeamtet und eine Stelle an einer Realschule in Bayern war mir sicher. Also wurde ich Vollzeitmutter und genoss diese Berufung sehr.

Als Rebekka ein paar Wochen alt war, ging ich mit ihr zum Babyschwimmen. Was für ein Spaß für Mutter und Kind! Das machten wir nun jede Woche über einige Jahre.

Matthias war mittlerweile sogar an den Wochenenden in der Agentur, da sehr viele Aufträge reinkamen und die Erfolgsrichtung steil nach oben zeigte. Jeden Tag war ich mit dem Kinderwagen am Fluss unterwegs. Jeden Tag alleine. Auch samstags und sonntags. An den Wochenenden waren die anderen Familien immer komplett, ich war immer alleine mit dem Kind. Ich fühlte mich von meinem Mann alleine gelassen. Ich war einsam. Aber dieses Gefühl schluckte ich die meiste Zeit tapfer hinunter.

Wir sprachen darüber, dass die Lage für mich sehr unbefriedigend sei und ich auch gern meinen Mann an meiner Seite hätte. Aber es war nichts zu machen. Es wurde nicht nur an den Wochenenden gearbeitet, sondern auch nachts. War Matthias zu Hause, war er der liebste Papa der Welt. Eigentlich kam er nur zum gemeinsamen Abendessen nach Hause, kümmerte sich um Rebekka, um dann später wieder in die Agentur zu verschwinden. In den nächtlichen Stillpausen rief ich ihn oft an, um zu fragen, wann er nach Hause käme. Zwischen drei und vier Uhr morgens war für gewöhnlich die Antwort. Das war leider keine Ausnahme, das war die Regel.

Als Rebekka sechs Monate alt war, waren wir unterwegs in die Toskana, um zwei Wochen Urlaub zu machen. Diese Fahrt nutzte ich und hatte einen Sturm entfacht. Auf gar keinen Fall ginge das so weiter, dass ich sieben Tage die Woche flussauf- und -abwärts alleine den Kinderwagen schieben würde. Am Wochenende seien alle Familien komplett, nur ich würde immer alleine sein. Dafür wäre ich nicht in seine Stadt gezogen! Wenigstens einen einzigen Tag in der Woche solle er für die Familie da sein, entweder Samstag oder Sonntag. Ansonsten sei ich nicht bereit, ein zweites Kind zu bekommen. Ich hatte ihm das Messer auf die Brust gesetzt. Die einzige Wahl, die ich hatte.

In den nächsten Monaten wurde es besser, aber nicht gut. Er nahm sich entweder samstags oder sonntags Zeit für die Familie. Niemals beide Tage. Und dann auch nur tagsüber. Abends waren meine kleine Tochter und ich wieder alleine.

Sein berühmter Satz war stets: „Ich mache das doch alles für die Familie!" Heute weiß ich: Er machte das alles in erster Linie für sich. Seine Agentur, seine Karriere, sein Verdienst.

Wir haben nicht schlecht gelebt. Eine kleine Wohnung hat uns genügt. Ansprüche hatte ich nicht viel.

Nun kam aber dazu, dass sich unsere süße kleine Tochter, die sehr pflegeleicht war, motorisch nicht gut entwickelte. Bis zum Alter von sechs Monaten war unser Kinderarzt, der die obligatorischen Untersuchungen durchführte, noch nicht beunruhigt. Aber als das Baby sich mit sieben Monaten immer noch nicht von der Bauch- auf die Rückenlage, oder umgekehrt, drehen wollte, mussten wir handeln. Rebekka musste zweimal in der Woche zu einer Physiotherapeutin, die sich auf Babys spezialisiert hatte, zur Vojta-Gymnastik. Das Kind wird in eine Art „Schwitzkasten" genommen, dabei werden verschiedene Reflexpunkte mit den Fingern gedrückt, sodass das Kind zum Reflexumdrehen kommt. Die ganze Prozedur dauert ca. 20–25 Minuten, in denen das Baby aus vollem Hals schreit und sich gegen die unangenehme Position wehrt. Ich musste diese Behandlung von der Physiotherapeutin erlernen und mit Rebekka zweimal pro Tag arbeiten. Konsequent jeden Tag! Für eine Mutter gibt es wirklich schönere Aufgaben. Jeden Tag waren wir beide nassgeschwitzt. Aber was sein musste, musste sein. Es half dem Kind bei seiner Entwicklung. Und schließlich wollten wir ja nichts versäumen!

Eines Abends kam Matthias von der Arbeit nach Hause, während wir wieder mal mitten in der an den Nerven zehrenden Behandlung waren. Er sah die schreiende Tochter, samt der schwitzenden Frau, nahm das Kind auf den Arm mit den Worten: „Ach, du arme Rebekka. Quält dich deine Mutter wieder mal so schrecklich?" Um ein Haar hätte ich geheult. Es war nur meiner eisernen Selbstdisziplin geschuldet, dass es nicht dazu kam. Die Tränen hinunter schluckend dachte ich nur: ICH mache hier diesen Scheißjob, nicht DU!!! Du bist ja fein raus. Ich bin diejenige, die sich zweimal am Tag bei ihrem Kind unbeliebt machen muss, nur um diese in ihrer Entwicklung nach vorne zu bringen. Ich war wütend und frustriert zugleich. Aber ich wollte die Stimmung nicht zerstören und habe nichts gesagt. Ein Fehler, wie ich jetzt weiß. Wir hatten ein gemeinsames Abendessen und dann ging Matthias wieder zurück in den Betrieb. Wie jeden Abend. Es gab kein gemeinsames Familienleben. Er meinte nur, er könne ja momentan nichts für das Baby tun, da ich es stillte, und er hätte ja so wahnsinnig viel Arbeit. Ich glaubte, ihm den Rücken stärken zu können, damit er zusammen mit seinem Geschäftspartner die Werbeagentur erfolgreich führen würde. Und: Ich war ja eine selbstständige und gut organisierte, junge Frau. In seinen Augen konnte ich sehr gut mit mir selbst und dem Baby zurechtkommen.

Natürlich konnte ich das. Sehr gut sogar. Ich spulte mein Pflichtprogramm ab: Babyschwimmen, Krabbelgruppe, zweimal in der Woche Vojta-Gymnastik mit der Physiotherapeutin, lange Spaziergänge an der frischen Luft mit dem Kinderwagen. Vollzeitmutter, jeden Tag 24 Stunden. Die ganze Woche.

Sexuell war nicht mehr viel von meinem Mann zu erwarten. Er richtete es sich so ein, dass es so etwa alle zwei Wochen zum Sex kam. Manchmal waren es sogar nur alle vier Wochen. Ich hatte mich darauf eingestellt und klagte nicht.

Da ich immer noch im Sinfonieorchester Geige spielte und außerdem mit einem erfolgreichen Sporttheater des Öfteren auf allen möglichen Bühnen stand, organisierte ich diese Wochenenden mit Baby und Babysitter. Dafür war es notwendig, Rebekka und alles Gepäck ins Auto zu laden und freitags 200 Kilometer zu meinen Eltern zu fahren. Sowohl meine Mutter als auch meine Schwägerin waren oft als Babysitter bei meinen Aktivitäten dabei. Diese wollte ich auf keinen Fall aufgeben, da ich ja schon meinen Beruf als Lehrerin wegen der Familie auf Eis gelegt hatte. Die aktiven Wochenenden, angefüllt mit Orchesterproben oder Auftritten mit dem Sporttheater ließen sich recht gut organisieren, inklusive der Stillpausen für Rebekka. Meine Familie hatte mich dabei tatkräftig unterstützt. Sonntagabends saß ich wieder im Auto und wir beide fuhren zurück in unser Alltagsleben.

Manchmal ging ich in die Agentur, nur um meinen Mann zu besuchen. Rebekka hatte ich natürlich dabei und alle waren sehr nett zu ihr. Sie war ein Sonnenschein! Eines Tages setzte ich mich in den Aufnahmeraum des Tonstudios, in dem für gewöhnlich die Takes für die Rundfunkspots aufgenommen wurden. In diesem Raum stand ein Klavier. Ich hatte zwar Musik studiert, aber mein Können am Klavier hielt sich in Grenzen. Darum nutzte ich kurz dieses Instrument im Aufnahmeraum, um in Zeitlupe „Alla Turca" von Mozart zu üben. Als Geigerin hatte ich schon immer Schwierigkeiten, die beiden Notensysteme für rechte und linke Hand gleichzeitig zu lesen. Dafür braucht es wirklich Übung. Mit dem Klavierspielen hatte ich sehr spät angefangen – erst im Studium bekam ich Unterricht bei einer sehr guten und geduldigen Klavierlehrerin. Nun saß ich also in besagtem Aufnahmeraum und versuchte mich an Mozarts berühmtem Marsch. Natürlich war ich nicht sehr erfolgreich, aber ich hatte mich durchgebissen und war froh, dass die Tür zum schallisolierten Aufnahmeraum geschlossen war und mich niemand in meiner Stümperhaftigkeit hören konnte. Vor allem nicht die Angestellten meines Mannes!

Nach meiner Übezeit verließ ich den Aufnahmeraum Richtung Regieraum, in dem Matthias gerade arbeitete. Prompt und mit breitem Grinsen präsentierte er die Tonaufnahme, die er gerade von meinem „Alla Turca"-Versuch gemacht hatte. Ich fühlte mich so erniedrigt und blamiert! Er hatte mir vorgeführt, wie schlecht mein Klavierspiel war. Ich konnte keine Worte finden, so sprachlos war ich. In diesem Aufnahmeraum übte ich nie wieder. Für viele Jahre hatte ich nach diesem Ereignis das Klavierspielen eingestellt. Sogar heute, nach so vielen Jahren, ist es mir lieber, wenn mich beim Klavierüben niemand hört. Der Schmerz sitzt noch immer tief. Mein Mann fand das alles einfach nur lustig.

Nachdem ich mit Rebekka viele Wochen mit Vojta-Gymnastik gearbeitet hatte, stellte die Physiotherapeutin auf Bobath-Gymnastik um. Langsam, aber sicher drehte sich das Kind von selbst auf die Bauchlage und wieder zurück. Mit vierzehn Monaten fing Rebekka an, sich in den Vierfüßlerstand hochzudrücken. Ein Alter, in dem andere Kinder schon selbständig laufen. Sie war immer noch sehr zart und hatte trotz der vielen Übungen recht wenig Kraft. Aber ich hatte sie ohne Pause die letzten Monate gefördert. Nun fing, sehr langsam und zögerlich, das Krabbelalter an. Wir hatten schon einen kleinen Erfolg geschafft. Aber was würde aus ihrer motorischen Entwicklung in Zukunft werden? Mit anderen Babys verglichen, hatte unser Kind einen deutlichen Entwicklungsrückstand. Ich war skeptisch, aber immer noch hoffend, dass dieser Rückstand würde ausgeglichen werden können. Wir arbeiteten doch so intensiv daran! Das eigene, aktive Sporttreiben hatte mich gelehrt, niemals aufzugeben. Genauso sah ich das in Bezug auf Rebekka. Sie machte jeden Tag brav ihre Übungen mit mir und wehrte sich nicht dagegen. Unser täglich Brot.

Mit zwei Jahren kam die Frühförderung dazu, die einmal pro Woche bei uns in der Wohnung stattfand. Rebekka konnte nun endlich frei laufen, aber sie war noch immer sehr wacklig unterwegs. Außerdem hatte sie ganz fürchterliche X-Füße. Sie lief quasi auf der Innenseite des Fußes, wenn sie keine guten Schuhe anhatte.

Meine damalige Stepptanzlehrerin war Hippotherapeutin und sie sagte mir, ich solle mit Rebekka mit dem Training auf einem Pferd beginnen. Ohne Sattel müsste sich das Kind an der Mähne festhalten und die Knie fest ans Pferd drücken. Durch das Ausgleichen der Bewegung des Pferdes würde außerdem ihr schlechtes Gleichgewicht geschult. Gesagt, getan. Den Ratschlag befolgten wir gern und ich fuhr mit ihr zweimal pro Woche zu einem Pferdehof in der Nähe und führte sie zwanzig Minuten auf einem Pony sitzend durch das Gelände. Durch das Ausgleichen der Bewegungen des Pferdes bekam sie ein viel besseres Gleichgewicht und durch den Innendruck der Schenkel drehten sich allmählich ihre Füße und sie konnte sich mehr auf die Fußsohle stellen. Ich führte sie auch noch im Gelände umher, als ich zum zweiten Mal schwanger und unser Sohn Julian auf die Welt gekommen war.

Trotz des monatelangen Reittrainings fiel Rebekka beim Laufen oft hin und ihre Reflexe waren so verzögert, dass sie viele Wunden an Stirn, Kinn oder an den Schläfen davontrug. Auch die Feinmotorik war nicht altersentsprechend, obwohl die Therapeuten der Frühförderung sich viel Mühe gaben. Die Entwicklungsberichte waren jedes Mal ernüchternd. Wir mussten uns eingestehen, dass Rebekka sich nicht wie ein normales Kind entwickeln würde. Wir waren traurig und ratlos.

Auch ihre Sprache bestand nur aus ein paar Silben und wenigen Wörtern. Sie konnte sich nicht richtig ausdrücken. Wir gingen auf die Suche nach einem geeigneten Kindergarten für unser Töchterlein. Gott sei Dank fanden wir ganz in der Nähe unserer Wohnung einen wunderbaren Integrativen Kindergarten, in dem behinderte und nicht-behinderte Kinder zusammen aufwachsen durften. Die Leiterin der Einrichtung, eine unfassbar positive, liebenswerte und offene Frau, hatte die kleine, zarte Rebekka gleich ins Herz geschlossen und im Alter von drei Jahren und acht Monaten begann für unser Mädel die Kindergartenzeit.

Sie fühlte sich sofort pudelwohl. Zeitgleich suchte ich nach einer weiteren motorischen Entwicklungsmöglichkeit und fand sie beim Mutter-Kind-Turnen eines Sportvereins. Dies sollte für viele Jahre unser nachmittäglicher Zeitvertreib einmal pro Woche bleiben. Julian war bald auch dabei. Er entwickelte sich prächtig. Nun erst hatte ich einen Vergleich. So wie er sollte sich also ein Kind normalerweise entwickeln.

Rebekka sprach immer noch sehr schlecht und artikulierte, ohne Spannung in den Mundraum zu bringen. Sie nuschelte sehr und nur wenige Menschen konnten sie verstehen. Ihr selbst machte das nichts aus. Sie war ein sehr fröhliches Kind.

Mit vier Jahren fing sie an, mit Logopäden*innen zu arbeiten. Die ersten Jahre zweimal pro Woche. Später nur noch einmal. Sieben lange Jahre fuhr ich mein Kind zur Sprechtherapie und holte sie danach wieder ab. In dieser Zeit wurde vieles besser, aber bis heute artikuliert Rebekka nicht sauber und muss immer wieder daran erinnert werden, „ordentlich" zu sprechen. Auch der Wortschatz ist begrenzt. Sie kann sich gut mit Menschen unterhalten, aber sie verwendet dafür nur einfache Wörter und Satzstrukturen.

Als Rebekka gut vier Jahre alt war, hörten wir von einem Bekannten, dass eine Therapieform in Belgien dem Kind eventuell helfen könnte. Er selbst wurde dort von seiner Legasthenie geheilt und fand es ziemlich unglaublich, was mit ihm passiert war. Also informierten wir uns und fuhren zur „Tomatis-Therapie" nach St. Truiden, Belgien, 600 Kilometer von zu Hause entfernt. Beim ersten Besuch sollten wir zehn Tage bleiben. Mittlerweile hatte der Entwicklungsstand des Mädchens eine deutliche Retardierung erreicht. Vor allem der sprachliche Bereich machte uns große Sorge. Rebecca war durch die Hypotonie der Mundmuskulatur kaum zu verstehen. Die weiteren Besuche im Tomatis-Zentrum waren jedes Mal für fünf Tage anberaumt. Alle sechs Wochen machten wir beide uns auf den Weg. Ich tat alles, um dem Mädchen bei seiner Entwicklung zu helfen. Kämpfte mit aller mir zur Verfügung stehenden Kraft gegen die Entwicklunsverzögerung meiner Tochter an.

Rebekka machte jedes Mal kleine Entwicklungssprünge nach vorne und so brachten wir sie in den kommenden drei Jahren insgesamt achtundzwanzig Mal nach Belgien, um die Entwicklung unserer kleinen Tochter anzukurbeln. Fünfundzwanzig Fahrten davon hatte ich alleine mit ihr unternommen.

Die Kosten dafür mussten wir selbst übernehmen. Die Krankenkasse hatte es abgelehnt, diese alternative Therapieform zu bezahlen.

Als Rebekka sechs Jahre alt war, ließ ich sie einen ganzen Tag lang im Kinderzentrum München untersuchen. Man stellte einen deutlichen Entwicklungsrückstand im motorischen, sprachlichen und kognitiven Bereich, also eine Retardierung, fest. Den Grund dafür konnten mir die Ärzte nicht sagen. Ich war enttäuscht und fühlte mich zum ersten Mal ausgelaugt. Ich hatte sechs Jahre lang wie eine Löwin um die Entwicklung meiner Tochter gekämpft. Sollte das alles umsonst gewesen sein? Die vielen Arztbesuche, die Therapien und der Logopädieunterricht? Die Fahrten nach Belgien? Ich war das erste Mal richtig frustriert. Ich hatte das alles doch gemacht, damit eine Besserung eintritt!

Die ganze Familie hatte gehofft. Wir wurden von der Realität bitter enttäuscht.

Zum Schuleintritt besuchte Rebekka eine Förderschule in einer kleinen Stadt. Nach fünf Jahren wechselte sie auf eine Schule für Körperbehinderte. Sie hatte zusammen mit ihrem Behindertenausweis nun auch offiziell den Stempel „Behinderung" bekommen. Das war nicht leicht für uns zu akzeptieren. Mir ging es nicht gut. Mit Matthias konnte ich darüber nicht reden. Er hätte es nicht verstanden. Er meinte nur: „Du machst das super mit Rebekka." Das sollte auch so ziemlich das einzige Lob bleiben, das er mir aussprach.

Mit ungefähr acht Jahren fing unsere Tochter mit dem Reiten an. Sie brauchte länger als die anderen Kinder in der Gruppe, aber sie lernte, sich gut auf dem Pferd zu halten und es vorwärtszureiten. Schließlich fing sie nach einigen Jahren sogar mit dem Springen an. Ich war sehr erstaunt, dass ihr das ohne viel Mühe gelang.

Im Winter zuvor hatte sie mit ihrem Bruder Julian den ersten Skikurs besucht. Auch hier brauchte sie länger als er, aber schlussendlich konnte sie in langsamen Bögen eine flache Piste hinunterfahren. Ich war sehr stolz auf sie!

Bis heute zählen Reiten, Schwimmen, Skifahren und Radfahren zu ihren Lieblingssportarten. Fußball musste sie immer mit den beiden Brüdern spielen.

Inlineskates und Eislauf standen ab und zu auch auf der sportlichen Liste.

Durch das jahrelange Reittraining verbesserte sich ihr Gleichgewicht immens und sie konnte nun viel schneller und sicherer laufen. Motorisch ist Rebekka wirklich gut in Schuss, was dem Umstand geschuldet ist, dass ich nie aufgegeben habe, sie zu fördern und zu fordern.

Auch die musikalische Förderung hatte ich übernommen. Nachdem Julian und Rebekka einen Kurs der musikalischen Frühförderung besucht hatten, fing ich mit den beiden mit Blockflötenunterricht an. Auch hier benötigte Rebekka mehr Zeit, um Notenschrift und Griffe zu lernen. Aber es war kein Problem. Sie lernte langsam, aber stetig.

Als Julian sechs Jahre alt war, begann ich mit seinem Klavierunterricht. Er war sehr schnell und es dauerte nicht lange, da brauchte er eine „richtige" Klavierlehrerin.

Rebekka wollte nun auch Klavier lernen. Also machte ich mit ihr die ersten Schritte an diesem Instrument. Bis heute sitzen wir zusammen am Klavier, probieren und üben neue Stücke und es ist erstaunlich, wie gut sie sich die Musik merken kann. Wenn möglich, spielt sie die Stücke auswendig. Auch hier braucht sie recht lange, bis die kleinen Stücke sitzen, aber wenn sie sie im Gedächtnis verankert hat, kann sie sie immer wieder abrufen. Auch das ist bewundernswert mit ihrem Handicap.

Heute lebt Rebekka in einer anthroposophisch geprägten Dorfgemeinschaft und ist sehr glücklich. Sie liebt das Leben auf dem Land und die Menschen dort und ist sehr gut aufgehoben. Rebekka arbeitet als Haushaltshilfe in einer der Wohngruppen. Einmal im Monat kommt sie über das Wochenende zu uns, freut sich auf unser Pferd und reitet mit ihm Dressur und ins Gelände. Sogar leichtes Springtraining steht ab und zu auf dem Programm. Auch den Winter- und den Sommerurlaub verbringt sie bei uns zu Hause. Beim Skiurlaub ist sie jedes Jahr dabei. Sie fährt alle Pisten ohne Angst im Carvingschwung hinunter und hat sehr viel Spaß dabei.

Sie hat sich prächtig entwickelt und ist eine glückliche junge Frau.

3

Ein Sohn

Als unsere Tochter etwa eineinhalb Jahre alt war, wurde ich zum zweiten Mal schwanger. Einige Wochen nach der ersten Geburt hatte ich wieder angefangen, im Tanzstudio zu trainieren – ein leidenschaftliches Hobby seit meiner frühen Jugend. Stepptanz und Jazzdance standen jede Woche auf dem Trainingsplan. Sogar während der zweiten Schwangerschaft konnte ich bis kurz vor der Geburt tanzen. Völlig ohne Probleme. Wir zogen in eine größere Wohnung, da unsere alte für zwei Kinder zu klein sein würde. Hochschwanger packte ich alle Kartons und Kisten für den Umzug, den wir privat organisiert hatten.

Als Rebekka zwei Jahre und drei Monate war, kam unser Sohn Julian zur Welt. Eine komplikationslose Geburt. Julian entwickelte sich sehr gut und ganz normal. Nun wusste ich also, dass Rebekka kein normales Kind war. Ein Baby und ein Kleinkind, das sich zu langsam entwickelte – ich hatte alle Hände voll zu tun. Die neue Wohnung musste fertig eingerichtet werden. Matthias war wie immer in seinem Betrieb. Ich war beschäftigt.

Ein Problem kam verstärkend hinzu:

Ein großer Kunde der Agentur, für den diese für die Platzierung von Zeitungsbeilagen finanziell in Vorleistung gegangen war, meldete Konkurs an. Aus der Konkursmasse war für eine Werbeagentur kein Geld vorgesehen und so ließ der Kunde unseren Betrieb mit 1.000.000 DM im Regen stehen. Das war ein Schlag für die beiden Geschäftsführer! Sie übernahmen die volle Verantwortung und wickelten die Schulden über private Bankkredite ab. Jeder von beiden war nun für die Rückzahlung von 500.000 DM verantwortlich. Für einen jungen Betrieb eine Mammutaufgabe! Die Agentur lief jedoch gut und es wurden in den letzten beiden Jahren mehrere Mitarbeiter eingestellt, verantwortlich für den Verkauf und die kreativen Bereiche. Doch nun arbeiteten beide Geschäftsführer noch mehr als zuvor. Matthias war kaum mehr zu Hause. Morgens gegen 08:30 Uhr verließ er unsere gemeinsame Wohnung, kehrte gegen 18 oder 19 Uhr zum Abendessen zurück. Nachdem die Kinder ins Bett gebracht wurden, verließ er um 21 Uhr wieder das Haus, um gegen drei oder vier Uhr morgens heimzukommen. In den Stillpausen konnte ich ihn jede Nacht telefonisch erreichen. Das war nicht die Ausnahme, das war die Regel! Mehr als vier Stunden Schlaf hatte mein Mann über viele Jahre lang nicht nötig. Oder: Mehr gönnte er sich nicht. Sogar sein geliebtes abendliches Schwimmen – Ausgleich und sportliche Betätigung zugleich – fand keinen Platz mehr im Alltag. Alles wurde dem Betrieb untergeordnet. Auch die Kinder, auch ich.

Die Agentur wuchs sehr schnell und innerhalb weniger Jahre erreichte sie die Zahl von um die vierzig Beschäftigten. Es wurde eine neues, hochmodernes Gebäude mit Garten, Bachlauf und Teich gebaut, um Platz für alle Mitarbeiter zu schaffen. Erfolg war garantiert. Es ging steil bergauf.

Ich, für meine Person, war beschäftigt mit beiden Kindern. Außer der täglichen Förderung, die ich Rebekka zukommen ließ, war ich wöchentlich mit den Kindern beim Babyschwimmen, in der Krabbelgruppe, beim Kinderturnen und nach wie vor mit meiner Tochter beim Reiten.

Zeit und Muse für eine echte eheliche Beziehung hatte Matthias leider nicht. Ich hoffte inständig, dass es bald besser werden würde, wenn der Betrieb sich weiterhin so positiv entwickeln würde. Die spärliche Zeit, die wir miteinander verbringen durften, beschränkte sich auf wenige Theaterbesuche, einen Besuch der Rundfunkmesse in Köln bzw. des jährlich stattfindenden Radio Days in Nürnberg. Dort wurde mein Mann auch für seine erfolgreichen Rundfunkspots ausgezeichnet. Natürlich war ich stolz auf ihn und freute mich für ihn. Ansonsten fuhren wir mit den Kindern einmal im Jahr für zwei Wochen in Urlaub. Cluburlaub am Meer in der Toskana.

Geistig war ich leider überhaupt nicht ausgelastet. Ich hatte zwar viel zu tun, aber die Arbeit war für einen geistig aktiven Menschen wie mich nicht zufriedenstellend. Als Julian zwei Jahre alt war, streckte ich meine Fühler Richtung der Erstellung einer Doktorarbeit aus. Wir hatten ja diverse Kontakte zu Musik produzierenden Menschen und vielen Radiosendern in Deutschland. Warum nicht untersuchen, wie ein Rundfunkspot musikalisch aufgebaut sein muss, um erfolgreich zu sein? Wie muss der Sendeplan aussehen, damit der Spot den Hörern im Gedächtnis bleibt? Diese und andere Fragen wollte ich erörtern. Dafür suchte ich nach einem Lehrstuhl für Musiksoziologie und wurde fündig in Wien bei Frau Professorin Hasenauer. Sie hat sich spontan für das Thema interessiert und mich zum Doktorandenseminar, das im nächsten Semester stattfinden sollte, eingeladen. Trotz zweier Kinder hatte ich nun die Gelegenheit, abends, wenn ich – wie immer – alleine war, die Zeit zu nutzen, um an meiner Doktorarbeit zu schreiben. Ein schöner, aufregender Gedanke. Leider kam es nicht dazu, denn Frau Prof. Hasenauer sollte nur ein paar Monate später einem Ruf nach Boulder, Colorado folgen. Sie nahm keine neuen Doktoranden mehr an. Sehr schade.

Julian entwickelte sich prächtig und ohne Probleme. Er hatte Rebekka bald überholt, obwohl er gut zwei Jahre jünger war als sie. Kindergarten, Grundschule und Gymnasium meisterte er ohne großen Aufwand. Er machte uns viel Freude, obwohl er manchmal recht anstrengend sein konnte, vor allem in der Pubertät! Auch im Fußballverein war er jahrelang aktiv. Musikalisch sehr begabt, baute er sein Klavierspiel bis zum Ende der Gymnasiumzeit erfolgreich aus und begleitete oft seinen jüngeren Bruder, der mit ihm im Duett mit seiner Geige musizierte. Die beiden waren jedes Mal hinreißend, wenn sie zusammen musizierten. Ich war sehr stolz auf meine Jungs. Mittlerweile hat Julian sein Studium mit dem Bachelor abgeschlossen und lebt in Westdeutschland.

4

Ein zweiter Sohn

Rebekka war dreieinhalb Jahre alt, als wir für sie einen Platz in einem Integrativen Kindergarten bekamen. Dort wuchsen nicht-behinderte und behinderte Kinder zusammen auf. Es gab zwei Gruppen und die Leiterin brannte für den Gedanken der Inklusion. Eine sehr schöne, wertschätzende Atmosphäre begleitete den Umgang der Kinder untereinander und den täglichen Tagesablauf. Die Wertschätzung aller Beteiligten untereinander war deutlich zu spüren und wurde genauso gelebt. Jeder durfte so sein, wie er war. Wir fühlten uns sehr wohl in diesem Kindergarten und als Julian drei Jahre alt war, besuchte auch er diese tolle Einrichtung. Die Kinder waren sehr gut aufgehoben und glücklich.

An einem Elternabend wurde das Thema diskutiert, was wir uns in Zukunft für unsere Kinder wünschen würden. Ich kann mich sehr gut an meinen Wunsch für Rebekka erinnern. Ich hatte für sie den Wunsch, dass sie einmal den Führerschein schaffen sollte, um möglichst mobil zu sein. Dass dieser Wunsch nie in Erfüllung gehen würde, hatte ich damals nicht vermutet.

Zu dieser Zeit wurde Rebekka, wie schon beschrieben, im Alfred-Tomatis-Zentrum in St. Truiden, Belgien, behandelt. Die Therapie tat dem kleinen Mädchen stets sehr gut und es zeigten sich positive Ergebnisse. Aber wir konnten ihre Entwicklung nur unterstützen, nicht beschleunigen. Natürlich weiß man nicht, was ohne diese Förderung passiert wäre und in welchem Rahmen die Entwicklung stattgefunden hätte. Matthias' Mutter, selbst eine Spezies der eher faulen Art, tadelte mich des Öfteren, dass ich viel zu viel mit Rebekka unternehmen würde und sie sich gar nicht „in Ruhe und von selbst" entwickeln könne.

Meine Mutter dagegen lag mir bei jedem Besuch in den Ohren, dass ich sie zu wenig fördern würde. Sie sollte schon lange dies und das können. Ja, das wusste ich auch. Konnte sie aber nicht. Was sollte ich denn noch tun? Unser tägliches Programm war immens. Julian benötigte zusätzlich Aufmerksamkeit. Ich funktionierte. So war ich es von Kindesbeinen an gewohnt. Einfach funktionieren und weitermachen. Jeden Tag war so wahnsinnig viel zu tun.

Gleichzeitig begann Matthias, sich immer mehr über mich lustig zu machen. Vor allem, wenn ich ihn mit den Kindern im Betrieb besuchte. Hier ein flapsiges Wort, dort eine witzige Bemerkung. Immer, wenn andere zuhörten. Er fand das alles recht amüsant. Ich leider gar nicht. Manchmal diskutierte ich mit ihm zu Hause über die unpassenden Bemerkungen, aber er zog alles nur ins Lächerliche und hörte mir gar nicht richtig zu. So etwas müsste man ertragen können, meinte er lapidar. Die anderen fänden es ja auch lustig.

Aber: Die anderen fanden es vor allem lustig, weil er der Chef des Betriebes war und wenn der Chef einen Witz macht, ist man mehr oder weniger dazu gezwungen, mitzulachen. So ist das eben.

Er fand immer wieder Gelegenheiten, mich vorzuführen in meiner „Hausfrauenrolle". Ich wollte vor seinen Mitarbeitern nicht als Spaßbremse dastehen und machte stets gute Miene zum bösen Spiel. Nicht einer oder eine hatte sich auf meine Seite gestellt und gesagt, dass es nicht fair wäre, mich so mies zu behandeln. Keiner!

Dabei war ICH diejenige, die zwei Staatsprüfungen im Lehramt erfolgreich hinter sich gebracht hatte. Matthias hatte nur einige Semester Jura studiert, das Studium aber nicht abgeschlossen, da er die Möglichkeit bekommen hatte, in die Werbeagentur als Geschäftspartner einzusteigen. ICH war hier die Akademikerin!

Was ihn vermutlich erst recht dazu anstachelte, mich „klein" zu halten. Niemals habe ich weder mit meinem Studium noch mit meinem Abschluss geprahlt. Ich musste dafür hart arbeiten.

Grundsätzlich verabscheue ich Menschen, die mit ihrer Ausbildung prahlen. Zur Gruppe dieser Art von Menschen wollte ich niemals gehören.

Matthias rechnete mir zwar nicht vor, wie viel Geld ich im Monat ausgeben durfte, aber es wurde jedes Mal eine unschöne Bemerkung gemacht, wenn ich z. B. neue Kleidung für mich einkaufte. Schließlich war es ja sein Geld, das ich ausgab. Auch die Kinder seien seiner Meinung nach mit genügend Kleidung ausgestattet. Ich begann, ein schlechtes Gewissen zu entwickeln, wenn ich etwas für mich persönlich einkaufte. Für meinen Mann war jeglicher modische „Schnickschnack", wie er es nannte, nicht notwendig.

Er selbst ging mit Jogginghosen bzw. im Sommer mit Shorts in seinen Betrieb. Die Mitarbeiter trugen zum Teil Anzug. Auf sein, für mich zu lässiges, Erscheinungsbild angesprochen, meinte er nur: „Als Chef kann ich mir das leisten! Außerdem bin ich Künstler. Ich darf das." Ich fand das damals schon mehr als überheblich und unpassend. Aber es war seine Meinung und die war wie fest zementiert. Keine Diskussion! Sein Geschäftspartner war übrigens immer sehr korrekt in Anzug und Krawatte gekleidet.

Für mich stand schon immer fest, dass ich keine Durchschnittsfamilie mit Vater, Mutter und zwei Kindern haben möchte. Somit plante ich ein drittes Kind. Ich wusste genau, dass Silvester 1998/99 ein „heißes" Datum dafür sein würde. Also ließ ich es drauf ankommen. Zwei Tage danach war mir schon klar, dass ich wieder schwanger sein würde.

Neun Monate später erblickte unser drittes Kind das Licht der Welt. Mittlerweile in Geburtsdingen erfahren, entband ich Leopold ambulant, quasi über Nacht und war zum Frühstück wieder zu Hause. Unser Jüngster entwickelte sich genauso unproblematisch wie Julian. Zwei Kinder waren nun vormittags im Kindergarten und ich hatte Zeit und Muse für Leopold, unseren Jüngsten. Das Förderprogramm für Rebekka lief nach wie vor ununterbrochen weiter. Sie entwickelte sich langsam, aber stetig. Auch das Sprechen klappte immer besser, wenn es auch für Außenstehende immer noch recht unverständlich blieb.

Leopold war von Anfang an ein Sonnenschein und ich war sehr glücklich. Mittlerweile hatten wir eine Zugehfrau, die einmal in der Woche die Wohnung säuberte. Wollte ich abends zu meinem geliebten Tanztraining, musste ich eine Babysitterin engagieren, da Matthias sich dafür keine Zeit nahm. In der Regel war ich einmal im Monat am Wochenende zur Orchesterprobe oder mit dem Sporttheater unterwegs, immer mit Unterstützung meiner Eltern, die sich nun um drei Kinder kümmerten, während ich beschäftigt war. Sie freuten sich auf jeden Besuch, den ich ihnen mit den Kindern abstattete.

Bereits vor Leopolds Geburt hatte ich damit angefangen, mich um den geplanten Hausbau zu kümmern. Wir hatten vor, in meiner alten Heimat ein Haus zu bauen. Am liebsten auf dem Land, unweit einer größeren Stadt. Es sollte darin auch ein Tonstudio entstehen, sodass Matthias ungestört arbeiten konnte. Er plante, aus der Agentur auszusteigen und beruflich nur noch für sich alleine verantwortlich zu sein, nicht mehr für einen Betrieb mit circa vierzig Mitarbeitern. Alles war ihm zu groß geworden. Die Mitarbeiter kamen und gingen in dieser jungen Branche so schnell, dass er immer öfter die Namen seiner Angestellten nicht wusste.

Also sammelte ich alle Informationen, die für einen Hausbau notwendig waren. Es sollte ein gesundes Haus werden, biologisch gebaut, ohne giftige Lacke und Kleber. Mit meinem kleinen Sohn auf dem Arm besuchte ich Baubiologen, Ziegeleien und Natursteinzentren. Ich wollte alles von Grund auf verstehen. Machte mich schlau über elektromagnetische Abschirmung und lernte naturreine Baustoffe kennen.

Schließlich fand ich einen geeigneten Bauplatz in einem kleinen Dorf. Matthias war gleich damit einverstanden und froh, dass er sich nicht darum kümmern musste. Mittlerweile hatte ich, durch viel Literaturstudium, den geeigneten Baustoff gefunden. Es sollte ein Vollholzhaus werden. Reines Holz, dreidimensional verbaut und das Holz in einer bestimmten Mondphase geerntet. Dazu Bergholz aus über 1.000 m Höhe. Es ist langsam gewachsen und liegt deshalb besonders ruhig. All das bot eine Firma aus Österreich mit einem angeschlossenen Holzforschungszentrum. Matthias war bei einem der Besuche dabei und hatte sich spontan verliebt. Die Außenwand aus 39 Zentimeter Vollholz sollte es werden. Die teuerste im Angebot.

Das Ganze wurde ein sehr umfangreiches Projekt für die folgenden Jahre. Da sich Matthias ausschließlich um die Planung und Ausstattung seines Arbeitsbereiches kümmerte, war es meine Aufgabe, sich um die Details Gedanken zu machen: Bäder, Fliesen, Küche, Türen, Fenster, Stromanschlüsse, Möbel, Lampen, Lichtschalter, Steckdosen, Türen, Türgriffe, Treppe, Armaturen usw.

Dies beanspruchte ca. zwei volle Jahre. Im Herbst 2001 mussten wir aus unserer Wohnung ausziehen, aber das Haus war noch nicht fertig.

Die Geschichte und massiven Probleme des Hausbaus werden im nächsten Kapitel ausführlich beschrieben.

Leopold entwickelte sich, genauso wie sein älterer Bruder, ohne Probleme wie von selbst. Er wollte zum dritten Geburtstag unbedingt eine Geige haben, da er von mir das Geigenspiel oft interessiert verfolgt hatte. Ich spielte seit meinem Musikstudium in einem Sinfonieorchester in der ersten Geige und musste dementsprechend viel üben. Wir kauften eine kleine Geige, aber mit drei Jahren war es noch zu früh für den Unterricht. Eineinhalb Jahre musste der Knirps warten, bis ich mit ihm zum Spielen anfing. Dann – ganz behutsam und nur etwa zehn Minuten täglich. Es machte ihm viel Freude und nach einigen Jahren übergab ich ihn an eine professionelle Geigenlehrerin, bei der er bis zum Ende seiner Gymnasialzeit Unterricht hatte. Klavierunterricht wollte er auch haben, da er das ja bereits von seinem älteren Bruder kannte. Bis heute spielt er beide Instrumente recht gut und hat immer noch Spaß daran, sie zu üben.

Mit elf Jahren war er das jüngste Mitglied in unserem Sinfonieorchester und durfte die zweite Geige unterstützen.

Nach seinem Abitur absolvierte Leopold das Studium der Rechtswissenschaften.

5

Das Haus

Der Einzug ins neue Haus sollte Weihnachten 2001 stattfinden. Da wir aus unserer Wohnung wegen Kündigung gezwungen waren, Ende August auszuziehen, mussten wir fast vier Monate überbrücken. Meine Eltern hatten sich dazu bereit erklärt, dass ich mit den Kindern bei ihnen im Haus diese Monate über bleiben könnte. Matthias schlief nachts auf der Ledercouch in seinem Büro. Nun musste er gar nicht mehr nach Hause kommen. Rebekka, mittlerweile sieben Jahre alt, wurde eingeschult in eine Förderschule, nachdem ich mit integrativ arbeitenden Schulen Kontakt aufgenommen hatte, sie aber dort jedes Mal abgelehnt wurde. Ich war mittelmäßig frustriert. Keinen der schuleigenen Tests hatte sie bestanden. Vor einem Jahr waren wir beide im Kinderzentrum in München und sie wurde einen ganzen Tag lang durchgetestet. Dort stellte man eine Retardierung und eine unterdurchschnittliche Intelligenz fest. Den Grund dafür konnte mir niemand sagen. Es wurde von Jahr zu Jahr schwerer für mich, mir einzugestehen, dass mein ganzes Bemühen über die vielen Jahre vielleicht doch nicht den Erfolg bringen sollte, den ich mir ausgemalt hatte. Julian hatte für das letzte Jahr den Kindergarten gewechselt und war nun schon im neuen Dorf angekommen. Für mich hieß es jeden Tag: Rebekka und Julian morgens in Schule und Kindergarten bringen. Beides lag eine Fahrt von 20 Minuten von meinem Elternhaus entfernt. Leopold, zwei Jahr alt, blieb in der Zwischenzeit bei meiner Mutter. Danach betreute ich unseren Hausbau und half, wo es ging. Die Möbel waren bereits im Haus gelagert und ich schleppte diese von Raum zu Raum, wenn die Handwerker ein Zimmer benutzen wollten, das mit Material oder Möbel vollgestellt war. Mittags sammelte ich die beiden Großen wieder ein.

Meine Mutter hatte in der Zwischenzeit gekocht und auf Leopold aufgepasst. Alles ging bis zu dem Zeitpunkt wunderbar, als der Lehmputz, der von einer Firma auf die Innenwände aufgetragen wurde, begann, großflächig zu schimmeln.

Der Supergau.

Im Lehm war gehäckseltes Gerstenstroh als Armierung eingebracht. Der Putz wurde von der Firma viel zu flüssig verputzt, da sie normale Putzmaschinen verwendet hatten. Für Lehm braucht man aber – das habe ich erst viel später erfahren – spezielle Putzmaschinen, die für Lehmputz geeignet sind. Die Putzmaschine der Firma war permanent verstopft, was zur Folge hatte, dass die Arbeiter Mengen an Wasser nachkippen mussten, um den Putz gängig zu machen. Das wiederum hatte die Folge, dass der Putz um ein Vielfaches zu nass verputzt wurde. Er konnte nicht in geeigneter Zeit abtrocknen, was wiederum dazu führte, dass das Gerstenstroh, überall dort, wo es mit Sauerstoff in Verbindung kam, großflächig zu schimmeln begann. Im ganzen Haus.

So konnte ich unmöglich mit drei kleinen Kindern einziehen! Ich wollte unbedingt, dass die Firma, die den Umstand verursacht hatte, diesen Putz von den Wänden entfernt. Die Baustelle stand erst einmal still. Der Chef der Firma erklärte sich bereit, den Putz zu entfernen, aber zuerst müsse er erst noch ein paar Baustellen fertig machen. Es war Ende Oktober. Wochenlang ging überhaupt nichts mehr. Auf meine Anfragen hin meinte der Chef, er würde in zwei Wochen mit dem Abtragen anfangen. Aber dann kam der Winter und danach begann der Frühling. Nichts passierte. Wir kamen einfach nicht voran.

Schon um die Weihnachtszeit herum waren unser aller Nerven zum Zerreißen gespannt. Vor allem die meiner Mutter. Ihr wurde klar, dass wir noch viele Monate bei ihr leben mussten. Jeden Tag sagte sie mir, dass ich „zu blöd zum Hausbauen" wäre und ihr selbst so etwas bestimmt nicht passiert wäre. Klar, sie hatte nie ein Haus bauen müssen. Mein Elternhaus hatte nämlich meine fleißige Großmutter gebaut!

Diese Zeit war äußerst schwierig für mich. Ich konnte nicht weg, war wie gefangen und musste mir täglich die Anfeindungen und Anschuldigungen meiner Mutter anhören, ohne Unterstützung durch meinen Mann zu haben. Matthias war in seinem Betrieb, 200 Kilometer entfernt. Die Baustelle stand still. Dazu kam die nachmittägliche Arbeit mit Rebekka an ihren Hausaufgaben. Sie hatte es nicht leicht, trotz Förderschule. Schreiben war für sie sehr kompliziert. Ich unterstützte sie, wo es nur ging. Dazwischen wollte ich natürlich auch etwas zur Hausarbeit beitragen, um meine Mutter nicht alleine zu lassen. Oft putzte ich die Wohnung, übernahm Einkäufe oder kochte für uns alle. Aber das Verhältnis zu meiner Mutter wurde immer schlechter. Jeden Tag schlugen mir ihre verbalen Aggressionen ins Gesicht. An Weihnachten 2001 konnte ich nicht mehr. Ich bekam einen Weinkrampf und bat meinen Mann um Unterstützung gegen den täglichen Psychoterror, dem ich ausgesetzt war. Er sprach zwar am Telefon mit meiner Mutter, aber es wurde kaum besser. Mitten im Winter versuchte ich, eine geeignete Ersatzwohnung für meine Kinder und mich zu besorgen. Ich war so weit, mir in der Nähe einen Wohnwagen auf einem Campingplatz zu mieten.

Doch dann kam eine Mutter auf mich zu, die ich vom Kindergarten kannte. Sie würde mit ihrer Familie aus einem alten Bauernhof im Dorf ausziehen und danach würde dieser renoviert werden. Ich sprach mit dem Vermieter und konnte zur Osterzeit in die Ersatzwohnung einziehen. Ich war wieder sicher.

Endlich keinen Aggressionen mehr ausgesetzt. Die Situation entspannte sich. Dieser alte Bauernhof hatte weder Heizung noch fließend Warmwasser. Ich heizte nur die große Wohnküche. Die Schlafräume blieben kalt. Matthias kam wie immer an den Wochenenden zu Besuch und erledigte kleine Arbeiten am entstehenden Haus. Daneben versuchte ich weiterhin verzweifelt, die Firma dazu zu bewegen, den verschimmelten Putz im Haus zu entfernen. Ich hatte ein Labor beauftragt, eine Analyse zu machen: Wir hatten die dreifache Menge der erlaubten Konzentration an Schimmelsporen in unserem Haus!

Die Firma hielt mich immer noch hin. Jetzt reichte es. Wir beauftragten einen Rechtsanwalt, einen Spezialisten für Baurecht.

Dann ging alles recht schnell. Nach einer Baubegehung forderte der gegnerische Anwalt von seinem Mandanten, so schnell wie möglich zu beginnen, den Putz von allen Wänden im Haus zu entfernen. Meiner zusätzlichen Forderung, die Wände danach mit einem Spezialsauger abzusaugen, wurde entsprochen und wir konnten beginnen, den Putz zu erneuern. Das übernahmen wir in Eigenregie, was recht erfolgreich klappte.

Das Jahr 2002 war also komplett belegt mit dem Projekt Hausbau. Einen kurzen Einschnitt gab es am 3. Februar 2002, als Teile unseres Daches brannten. Dazu kam es wie folgt.

Unser gemauerter Grundofen war bereits fertig und vom Kaminkehrer abgenommen, sodass er in Betrieb gehen konnte. Das erste Einschüren übernahm der Ofenbauer höchstpersönlich. Alles war in bester Ordnung. Das Haus noch im Rohbau. Am Sonntagabend des 3. Februars 2002 verbrachten Matthias und ich die Holzabschnitte, die beim Hausbau angefallen waren und noch im benachbarten, unbebauten Grundstück lagen, auf unser Grundstück, da die Nachbarn bald mit dem Aushub für ihren Keller beginnen wollten. Die kleinen Holzstücke verfeuerten wir im Grundofen. Einige Zeit nach dem Feuermachen streifte meine empfindliche Nase ein seltsamer Geruch. Als ich meinen Mann fragte, wo das wohl herkommen könne, meinte er nur, das würde wahrscheinlich das feuchte Holz sein. Als ich nach oben zum Kamin schaute, bemerkte ich Rauch, der nicht aus dem Kamin, sondern daneben aus dem First herausquoll. Wir rannten sofort nach oben, klappten die Dachbodenleiter nach unten und sahen, wie die Flammen neben dem Kamin aus der Rauschalung schlugen. Blitzschnell holte Matthias die Motorsäge und sägte ein Stück aus der Rauschalung heraus. Im Hauswirtschaftsraum fand ich Eimer und Messbecher. Gemeinsam versuchten wir, den entstandenen Brand zu löschen, was uns letztendlich auch gelang. Aber es knisterte noch sehr in unserer Dachdämmung, bestehend aus Holzweichfaserplatten, die nicht brennbar waren, aber durchaus glimmen konnten. Wir hatten Angst, die Glut könnte wieder Sauerstoff erwischen und erneut einen Brand anfachen. Dann wäre alles verloren!

Das Haus und die aufbewahrten Möbel. Kleidung, Bücher, Dokumente, Instrumente. Alles.

Wir holten die örtliche Feuerwehr zu Hilfe, die mit einer Wärmebildkamera die Lage checkte und noch für zwei Stunden Feuerwache hielt. Matthias wurde vom Rettungsdienst mit einer Rauchgasvergiftung ins Krankenhaus gebracht.

Was war passiert? Der Ofenbauer hatte einen zertifizierten Edelstahlkamin einer namhaften deutschen Firma gesetzt, bestehend aus einzelnen Stücken mit sogenannten Bajonettverschlüssen. Vertikal war in diesen Stücken Steinwolle zur Dämmung verbaut, darin nochmal ein inneres Edelstahlrohr. Damit sich die Stück leichter schließen lassen, hat man sie so entwickelt, dass das innere Rohr an den Enden jeweils mit dem äußeren Rohr verbunden wurde, damit es beim Verschließen nicht „hakt". Mich hatte es schon beim ersten Einschüren gewundert, dass das äußere Rohr so arg heiß wurde. Logisch, Innenrohr mit Außenrohr verbunden ergibt eine wunderbare Wärmebrücke! Das äußere Rohr war also genauso heiß wie das innere! Am Dachdurchlass war als Windsicherung ein starkes Klebeband aus Kunststoff angebracht. Dieses ist bei der extrem heißen Temperatur geschmolzen und hat die Rauschalung in Brand gesetzt. Um ein Haar hätten wir alles verloren.

Da der Kamin aber auch schon durch einen Trockenbau eingehaust war, konnten wir nicht mehr nachvollziehen, wie weit der Abstand dieses irrsinnig heißen Rohrs beim Deckendurchlass von einem der Kinderzimmer in den Dachboden war. Ich wollte das UNBEDINGT sehen! Gesetzlich vorgeschrieben ist: Abstand von 10 cm zu brennbarem Material – in diesem Fall eine Vollholzdecke –, Abstellen des brennbaren Materials durch eine Brandschutzplatte, Auffüllen des Zwischenraums mit nicht brennbarem Material, z. B. Perlit. Ich habe verlangt, die Einhausung zu öffnen, um mich selbst davon zu überzeugen, ob alles korrekt verbaut war.

Matthias war ungehalten und warf mir meine „weibliche Intuition" vor, die ihm noch mehr Arbeit bescherte, wo wir doch noch so viel Arbeit vor uns hätten. Ich bestand darauf und wir öffneten die Einhausung. Was wir sahen war sehr ernüchternd: Der Edelstahlkamin war durch ein Loch in der Holzdecke geschoben worden, ohne Perlitschüttung, ohne Brandschutzplatte. Abstand zum Holz der Decke an einer Stelle weniger als zwei Zentimeter! Diese Stelle des Holzes war bereits braun verfärbt. Sie hätte als Nächstes gebrannt. Und damit das Kinderzimmer unseres Jüngsten!

Als wir es dem Kaminkehrer zeigten, wurde er ganz blass. Er hatte es ja bereits abgenommen und die Firma, die mit dem Gewerk beauftragt war, hatte ihm versichert, dass alles korrekt verbaut worden sei. Aber die Zimmerei, die diese Schlamperei zu verantworten hatte, konnte nicht mehr belangt werden. Sie hatte vor ein paar Monaten Konkurs angemeldet.

Konnte eigentlich gar nichts so richtig klappen bei unserem Hausbau? Diese Frage mussten wir uns oft stellen. Aber wir haben weitergearbeitet.

Wir haben alles in Ordnung gebracht: den Kamin und den Putz.

Weiterhin hat Matthias zusammen mit meinem Vater die Holzdielen in den Zimmern verlegt, ich habe die Holzböden geschliffen und alle dreimal geölt und poliert.

Mein Mann hat alle Holzwände abgeschliffen und stand jedes Wochenende auf der Baustelle. Ich habe gelernt, Bäder zu fließen und Mauern zu setzen. Wir haben hart geschuftet ein ganzes Jahr.

Weihnachten 2002 konnten wir also endlich einziehen in unsere eigenen vier Wände. Was für ein Gefühl!

Es war noch recht unfertig, aber wir hatten ein Bad für uns alle, Schlafzimmer und die Kinderzimmer waren fertig geworden und die Küche einigermaßen brauchbar.

Auf Umzugskisten sitzend feierten wir unser erstes Weihnachten im eigenen Haus.

Die nächsten Jahre waren geprägt von viel Arbeit. Ich habe die restlichen Bäder und Böden gefliest, Wände gestrichen, habe den Garten selbst angelegt, Unmengen von schweren Schubkarren gefahren und Eimer geschleppt. Aber es ist schön geworden.

Matthias hat die Terrasse angefertigt, mir ein großes Bücherregal für mein Arbeitszimmer gebaut und mir damit zum 40. Geburtstag eine schöne Freude bereitet.

Wir hatten unsere ganze Energie in den Hausbau gesteckt. Für uns selbst blieb keine Zeit und keine Muse übrig. Schade.

Sieben Jahre lang waren wir nicht in den Urlaub gefahren. In Zukunft kann es nur besser werden, dachte und hoffte ich.

Matthias hatte die gesamte finanzielle Planung für Haus und Tonstudio übernommen. 2002 wurde klar, dass uns das geplante Budget nicht reichen würde. Das Haus war nicht 10 %, 20 % oder 50 % teurer geworden als veranschlagt, sondern satte 100 %! Das bedeutete eine saftige Nachfinanzierung durch die Bank. Gott sei Dank spielte sie mit, da Matthias' Einkommen in den letzten Jahren stetig gewachsen war und sie davon ausgehen konnte, dass wir in der Lage waren, die Kredite sicher zu bedienen.

Im Haus eingezogen musste auch das Tonstudio fast zeitgleich fertiggestellt werden. Gemeinsam packten wir an. Ich half, sobald die Kinder in Schule und Kindergarten gebracht worden waren.

Nachmittags war ich für die Hausaufgabenbetreuung zuständig, v. a. Rebekka machte mir immer wieder Sorgen. Sie tat sich sehr schwer mit dem Lernen. Nachmittags unterrichtete ich Rebekka und Julian in Blockflöte und brachte ihnen das Notenlesen bei. Außerdem fing Julian an, Fußball zu spielen. Fahrten zum Training organisierte ich in Fahrgemeinschaften gemeinsam mit anderen Eltern.

Nach sieben Jahren Logopädie stellten wir die Therapie bei Rebekka ein. Wir übten von nun an selbst mir ihr, die Buchstaben und Laute sauber auszusprechen. Ihre Sätze waren immer noch sehr kurz.

Aber sie hatte eine neue Lieblingsbeschäftigung gefunden: das Reiten.

Einmal in der Woche hatte sie richtigen Reitunterricht. Langen Wochen an der Longe, damit sie den richtigen Sitz auf dem Pferd üben konnte, folgte Unterricht in der Abteilung. Bis hin zum Ausreiten ins Gelände. Sie war sehr glücklich auf dem Pferd und machte tolle Fortschritte. Ein Glücksfall, denn Reiten schult ganz besonders das Gleichgewicht, das immer noch recht schlecht bei dem Kind ausgebildet war.

Mit sieben Jahren durfte sie auch das Skifahren lernen. Eine Woche Skikurs im Allgäu mit ihrem Bruder Julian. Da Matthias kein Skifahrer ist, war ich mit den Kindern alleine unterwegs. Mir war immer klar, dass unsere Kinder diese Sportart lernen sollten. Also musste ich es alleine organisieren.

Als Leopold vier Jahre alt war, wollte er schließlich auch mit. Ich fuhr also alleine mit den drei Kindern im Alter von 4, 7 und 9 Jahren in den Bayerischen Wald, um mit ihnen zu üben. Leopold lernte recht schnell und ohne Angst. Die beiden Großen konnten schon gut alleine den Berg hinunterfahren, den Jüngsten nahm ich unter meine Fittiche. So verbrachten wir den ganzen Tag auf der Piste. Nach einer 90-minütigen Heimfahrt kam ich ziemlich müde zu Hause an und räumte das ganze Equipment für vier Skifahrer aus dem Auto. Zu Matthias sagte ich nur, dass es ein anstrengender Tag mit drei Kindern auf der Piste war und ich echt geschlaucht sei. Daraufhin meinte er nur kaltschnäuzig: „Brauchst dich gar nicht zu beschweren, DU willst, dass die Kinder Skifahren lernen!" Vielen Dank fürs Gespräch, dachte ich mir.

Mit dem Tonstudio kamen auch die Gäste. Mitarbeiter verschiedenster Radiosender, die bei uns im Haus sogenannte „Station-Jingles" aufnehmen und produzieren lassen wollten.

Wir wohnten also noch nicht sehr lang im Haus, als ich die ersten Gäste zu bewirten hatte. Fünf junge Menschen eines privaten Radiosenders und eine Sängerin, die im Tonstudio die Takes einsingen sollte. Das Ganze dauerte insgesamt drei Tage und ich hatte alle Hände voll zu tun, neben der Organisation der drei Kinder, das Catering und die Versorgung der Gäste sicherzustellen. Es wurde eingekauft, gekocht, gebacken und geputzt. Es sollte an nichts fehlen. Am zweiten Abend saßen wir alle nach dem Abendessen um den großen Küchentisch, die Kinder waren schon im Bett, in geselliger Runde bei einem Glas Wein zusammen. Die Stimmung war recht aufgekratzt.

Man hatte ja den ganzen Tag im Studio verbracht und musikalisch-künstlerisch wertvolle Arbeit geleistet. Der junge Produzent des Radiosenders fragte mich: „Sag mal, ihr habt doch drei Kinder, oder?" Und zu mir gewandt: „Na, das sieht man dir aber nicht an. Bist ganz schön fit, wie man sieht!" Ich schmunzelte und meinte nur, dass man als Sportlehrerin es sich nicht leisten könnte, sogar nach der dritten Geburt nicht wieder einigermaßen fit zu sein. Daraufhin warf mein Mann in die Runde: „She is the body, I'm the brain."

Als zu Hause Ruhe eingekehrt war, hatte ich Matthias zur Rede gestellt und ihn gefragt, warum er mich vor den Leuten demütigen musste, denn als Demütigung hatte ich diesen Spruch durchaus empfunden. Matthias ließ die Kritik eiskalt an sich abprallen und meinte nur: „Das war doch lustig gemeint! Kann ich doch nichts dafür, dass DU keinen Humor hast!" Da war sie also, die zweite verbale Ohrfeige! Ich war in seinen Augen also nicht nur grundlos verärgert, ich war auch noch humorlos! Wieder mal auf der ganzen Linie verloren. Er hatte mich mundtot gemacht.

Komischerweise hatte keiner der Gäste seinen Spruch als witzig empfunden. Keiner hatte gelacht. Aber ICH war anscheinend humorlos. Ich war traurig und frustriert.

Wie kann er es wagen, seinen Geist über meinen zu stellen? Ich habe zwei Staatsexamina mit einer Eins vor dem Komma abgeschlossen. Er hat nicht mal fertig studiert! Anscheinend war er eifersüchtig, dass man mir ein Kompliment gemacht hat. Nicht eifersüchtig als Mann, sondern eifersüchtig, dass das Kompliment nicht ihm gegolten hat. Er konnte es nicht ertragen!

6

Der Charakter

Wie lässt sich der Charakter meines Mannes beschreiben?

Matthias ist ehrgeizig, was per se noch keine negative Eigenschaft ist. Dieser Ehrgeiz ist aber so ausgebildet, dass er auf Biegen und Brechen immer gewinnen muss. Das hat fast schon zwanghafte Züge. Sowohl in verbalen Auseinandersetzungen als auch zum Beispiel im Gesellschafts- oder Kartenspiel setzt er seine ganze Energie daran, als Gewinner dazustehen.

Geistig sehr agil und kreativ ist er den anderen immer voraus. Rhetorisch durchaus gefinkelt setzt er sein Gegenüber am liebsten schachmatt. Es bereitet seinem Selbstbewusstsein eine derartige Befriedigung, einen Sieg zu erzielen, dass er die Möglichkeit, zu verlieren, überhaupt nicht in Betracht zieht. Das verleiht Matthias eine Aura von großer Durchsetzungsfähigkeit. Er ist ein „Macher", ein Gewinnertyp. Gleichzeitig hat sein ganzes Streben immer etwas Verkrampftes, etwas Oberlehrerhaftes. Sein Gesicht verspannt sich, seine Augen wandern unstet hin und her, die Lippen sind aufeinandergepresst, so als würde er nach der richtigen Formulierung in seinem Gedächtnis suchen, um sie dem anderen entgegenzuschleudern. Das ist für ihn äußerst befriedigend.

Er ist dominant. So sehr, dass er anderen Menschen die Fähigkeit abspricht, eigene Gedanken zu denken. Diskutieren wir zum Beispiel ein bestimmtes Thema, bei dem meine Meinung von seiner abweicht, lässt er nicht locker, mich von seinem Standpunkt zu überzeugen. Werfe ich schlussendlich ein „Das glaube ich nicht!" ein, antwortet er mir mit „Das glaub' ich für dich mit"! Schon allein diese vollkommen absurde Äußerung zeichnet eine unfassbar überhebliche Person aus, die den Boden der Tatsachen und die Welt des guten Geschmacks längst verlassen hat. Er denkt also, den Glauben seines Gesprächspartners beeinflussen zu können. Wie sehr muss diese Persönlichkeit gestört sein, um so etwas überhaupt auch nur annehmen zu können?

Matthias bearbeitet alle Probleme und Aufgabenstellungen rein mit dem Kopf. Systematisierte Problemlösungen entspringen dem mentalen Fundus blitzschnell. Das habe ich immer an ihm bewundert.

Andererseits fehlen ihm zwei andere Komponenten komplett: Emotionalität und Empathie.

Er schafft es nicht, sich in andere Menschen hineinzuversetzen. Weiß nicht, wann er den/die andere/n emotional unpassend berührt oder gar beleidigt. Das gilt nicht nur in Bezug auf meine Person. Das habe ich unzählige Male in seiner Kommunikation mit anderen Menschen wahrgenommen. Er verteilt unglaublich gern verbale Tiefschläge, glänzt mit rhetorischem Sarkasmus, damit er sich selbst gut fühlen kann. Dem anderen ein schlechtes Gewissen machen gehört zu seiner Paradedisziplin!

Außerdem stellt sich Matthias, seit ich ihn kenne, in Bezug auf das geistige Niveau, gern über andere Menschen. Er verachtet zum Teil ihre Unfähigkeit, ihre langsame Denk- und Sprechweise, ihre Schreibweise, ihre Arbeitsweise, ja sogar ihren Dialekt, der die Menschen, wie er es bezeichnet, „grenzdebil" wirken lässt usw. usf.

Seinen ehemaligen Geschäftspartner aus der Werbeagentur bezeichnete er des Öfteren als „Bäuerle", dessen Korrespondenz mit den Kunden er selbst gegenlesen und korrigieren müsse, da der Partner orthografisch nicht auf der Höhe sei. Verächtlich äußerte er sich über die Statussymbole, die der Partner offenbar brauchen würde, um glücklich zu sein: ein schickes Auto, elegante Kleidung, große, repräsentative Räumlichkeiten für die Agentur etc. pp.

Außerdem hätte er mit seinem Partner, außer den geschäftlichen, keine gemeinsamen Interessen, da Matthias ja aus einer ganz anderen Bildungsschicht kommen würde, sagt er.

Dazu muss man erklären, dass Matthias' Großvater nach dem Zweiten Weltkrieg zum Vorstandsvorsitzenden eines bedeutenden deutschen Konzerns ernannt wurde und sehr einflussreich war. Die ganze Familie, aus denen drei Kinder erwuchsen, ausgestattet mit einer gehörigen Portion Standesdünkel, war insgesamt betrachtet keine einfache Familie. Ich kann es schlecht erklären, aber sie war genau das Gegenteil von der Arbeiterfamilie, aus der ich stamme. Meine Schwiegermutter, eine, wie sie sich selbst nennt, „Kampfemanze" hatte wiederum drei Kinder mehr oder weniger erzogen. Sie ist sehr belesen, hat ein gutes Bildungsniveau, aber sich um die alltäglichen Dinge im Haushalt zu kümmern, hat sie nie geschafft. Ihre Wohnung ist immer unordentlich, trägt fast schon messiehaft-verwahrloste Züge, die Kochkünste gehen gegen null, aber wenn man mit ihr diskutiert, ist sie sehr überzeugend in ihrer Art. Sie ist faul, chaotisch organisiert und kommt grundsätzlich viel zu spät zu Verabredungen. Manchmal bis zu drei Stunden. Sie ist sogar zu unserer Hochzeit zu spät gekommen. Sie schaffte es nicht ein einziges Mal, pünktlich zum vereinbarten Zeitpunkt zu kommen. Auch eine Art, die Aufmerksamkeit der anderen auf sich zu ziehen, auch wenn man sich mit diesem Benehmen keine Freunde macht. Sogar, wenn sie ihre Kinder von der Schule oder Freizeitaktivitäten abholen sollte, ist sie immer zu spät gekommen. Diese haben gefühlt jahrelang auf ihre Mutter gewartet. Für mich persönlich ist es eine große Respektlosigkeit, andere warten zu lassen. Derjenige, der warten muss, fühlt sich wertlos und nicht geachtet. Vielleicht ist diese Art von Umgang, die mein Mann von frühester Kindheit an erfahren musste, einer der Gründe, warum er selbst so respektlos mit anderen Menschen umgeht? Wurde ihm die Nachahmung dieses Verhalten quasi schon in die Wiege gelegt? Ich habe mich das oft gefragt. Das würde sein Verhalten in den meisten Fällen wenigstens erklären, aber auf keinen Fall entschuldigen.

Anfangs hat mir das familiäre Umfeld recht imponiert: eine echte Intellektuellenfamilie, die ganz anders zu sein schien als alle anderen Familien, die ich bisher kannte. Matthias' Bruder, ein Naturwissenschaftler, der nahezu täglich seinen Joint rauchen muss, damit die Welt für ihn in Ordnung ist, seine Schwester, Studentin der Psychologie, finanziell ausgestattet mit dem staatlichen Förderprogramm für Hochbegabte. Der Vater, der liebevolle Teil der Familie, hatte sich verabschiedet, als Matthias circa 13 Jahre alt war. Die Mutter musste nicht arbeiten. Sie wurde großzügig unterstützt von ihren reichen Eltern. Matthias war der erste Enkel und wurde als „Sunnyboy" bezeichnet und von der ganzen Verwandtschaft in den Himmel gelobt. Alles schien wunderbar. Aber alles war nur Fassade, wie ich mittlerweile weiß.

Zum Vater hatte Matthias seit 15 Jahren keinen Kontakt mehr. Die Geschichten, die über ihn von der Familie meines Mannes erzählt wurden, waren nicht schön. Er war eine persona non grata. Allem voran wurde in der Öffentlichkeit verbreitet, dass er keinen Unterhalt für die Kinder gezahlt hatte und untergetaucht wäre. Das war eine bodenlose Lüge, wie ich viel später erfahren sollte. Unsere Familie hatte nämlich zwischenzeitlich Kontakt zu ihm aufgebaut, hatte ihn eingeladen und er hatte uns auch zweimal besucht. Beim zweiten Mal allerdings hatte ihn sein eigener Sohn derart beleidigt, dass er es vorzog, wieder in der Versenkung zu verschwinden, aus der er gekommen war. Seitdem ist der Kontakt erneut abgebrochen. Aber ich hatte Gelegenheit, mich alleine mit ihm zu unterhalten und seine Version der Geschichte zu hören. Die war – wie ich schon vermutet hatte – ganz anders als die, die mir meine angeheiratete Familie weisgemacht hatte. Ich wurde mehr und mehr misstrauisch der Familie meines Mannes gegenüber, betrachtete vieles kritisch. Fand heraus, dass meine Schwiegermutter eine notorische Lügnerin und „Schaumschlägerin" war. Keine Basis für mehr Umgang als die notwendigen gegenseitigen Besuche. Gott sei Dank hat sie vor vielen Jahren Deutschland verlassen und lebt seitdem allein in ihrem Häuschen auf einer Insel im Mittelmeer. Und das ist gut so.

Alle drei Kinder meiner Schwiegermutter haben sich als beziehungsunfähig herausgestellt. Liegt es daran, dass sie sich emotional nie gut um die Kinder gekümmert hatte? Ihr war es immer wichtiger, ihre Romane zu lesen, als sich mit den Kindern zu beschäftigen. Das haben mir die Verwandten meines Mannes in ihren Erzählungen bestätigt. Sie konnte es sich schon nachmittags auf der Couch bequem machen, um Trash-TV zu schauen. Sehr gern lud und lädt sie sich selbst zu Besuch bei der Verwandtschaft ein, um sich ein paar Tage dort aufzuhalten. Dabei sitzt sie die meiste Zeit herum, lässt sich bedienen und vermeidet es, beim Kochen, Servieren, beim Abwasch etc. mitzuhelfen. Ich charakterisiere sie als Schmarotzer. Gern bleibt sie länger als vereinbart ohne zu fragen. Sie benimmt sich, als würde das Haus, die Wohnung ihr gehören, mit dem dazu notwendigen Bedienungspersonal. Ich fand und finde ihr Benehmen schon immer äußerst grenzwertig und unsensibel.

Wie lässt sich mein Mann weiterhin beschreiben? Er fühlt sich wohl, wenn er mit seinem Wissen prahlen kann. Egal welche Menschen aus welchen Branchen er trifft, er kann immer, wie er sich selbst gern beschreibt, mit seinem „gefährlichen Halbwissen" glänzen. Für mich sieht es jedes Mal so aus, als ob er sich auf die Leute, die z. B. zu uns zu Besuch kommen, besonders einstellen würde, indem er sich intensiv auf sie vorbereitet. Ich vermute, er bemüht diverse Seiten im Internet, um sich ein schnelles Basiswissen anzueignen, damit er sich auf Augenhöhe mit den Besuchern unterhalten kann. Dabei ist er derart überzeugend, dass man ihm durchaus abkauft, dass er ein tolles Allgemeinwissen besäße. Hochstapler würden es genauso machen. Manche meiner Freunde*innen bezeichnen ihn gern mit dem Wort „Schlaumeier" oder auf gut bayrisch „Gscheithaferl". Angeber könnte man auch sagen. Seine eigene Tante hatte vor Kurzem einen entlarvenden Satz gesagt: „Für mich war Matthias schon immer ein Schaumschläger." Leider sind Angeber nicht sympathisch. Man möchte am liebsten nicht viel mit ihnen zu tun haben, denn man hat immer das Gefühl, dass man ihnen nicht das Wasser reichen kann. Noch dazu, wenn ein Angeber alles dafür tut, andere als minderwertiger als sich selbst zu betrachten. Man kann sie bewundern, aber nicht lieben. Bewunderung reicht Matthias aber vollkommen aus. Er giert förmlich nach Bewunderung! Er tut alles dafür. Er badet sich in seinem

Bewunderungsschaumbad, das ihm andere bereiten, und fühlt sich wie der Nabel der Welt. Dann ist die Welt für ihn in Ordnung. Bringt man auch nur die leiseste Kritik an, schlägt er verbal um sich und hinterlässt verletzte und gedemütigte Menschen. Dieser Umstand macht es schwer, Freunde zu finden. Freunde sind absolute Mangelware im Leben meines Mannes. Es scheint ihn aber weiterhin nicht zu beschäftigen. Darüber macht er sich keine Gedanken. Seine Gedankenwelt kreist darum, wie er andere dazu bringen kann, ihn zu bewundern. Zuneigung, Wärme, Emotionalität, Empathie scheint er nicht zu brauchen. Er vergrätzt mit seinen für ihn witzigen Sprüchen, die er auf Kosten des anderer macht, sogar seinen letzten Freund. In Gesellschaft brüstet er sich, wie schon erwähnt, gern mit dem Satz: „Lieber einen Freund verlieren, als auf eine Pointe verzichten." Das hat sich auch bewahrheitet.

Wenn er mal wieder dozierend in der Küche steht, sich an mich richtet und beiläufig fragt, ob ich von der Nachricht XY schon gehört hätte oder YZ schon wisse, erwartet er eigentlich keine Antwort. Die Nachricht XYZ ist nämlich so brandneu, dass nur der sie kennen kann, der permanent vor dem Radio oder den Newstickern klebt. Die Antwort kann nur er kennen. Verneine ich seine Frage, sieht er mich mit großen Augen und hochgezogenen Augenbrauen an und brüskiert mich mit einem lang gezogenem „niiiicht"? Der Unterton, der dabei mitschwingt, lautet: „Wie blöd und uninformiert bist du eigentlich?" Danach setzt er mit seinem Monolog an, der ja von vornherein seine Absicht war, als er bereits die erste Frage gestellt hatte. Das war der eigentliche Türöffner. Er muss nun unbedingt professoral sein Wissen verbreiten und erwartet dafür? Natürlich Bewunderung.

Weiterhin zeichnet ihn aus, dass er alles andere als ein „Mann" ist, so wie man sich halt ein Mannsbild vorstellt. Er ist genau das Gegenteil eines Helden. Heldenhaft wäre es zum Beispiel, wenn er sieht, dass ich schwere Schubkarren fahre oder für mich viel zu schwere Eimer schleppe, mir zur Hand geht und mich körperlich unterstützt. Das könnte man schon von einem Mann erwarten. Matthias aber steht untätig daneben, schaut mir zu und fragt:

„Geht's?" Was soll ich bitte darauf antworten? Ich schlucke meinen Stolz hinunter und maloche weiter. Hunderte Male hatte ich so eine Situation erleben müssen. Ich habe geackert, bis ich jahrelange chronische Ellbogen- und Schulterschmerzen hatte. Das hat ihn nie besonders interessiert. Schlechtes Gewissen seinerseits? Fehlanzeige. Auch wenn er mit seinen 65 Kilo Körpergewicht bei einer Größe von knapp 180 cm eher schwächlich daherkommt, hätte ich mir oftmals eine Unterstützung von ihm gewünscht. Einen „richtigen Mann" eben, keinen Maulhelden.

Charakteristisch für Matthias ist außerdem, dass, wenn er zum Beispiel im Garten arbeitet und die Bäume schneidet, er nur den gröbsten Dreck entfernt, den er produziert hat. Ich muss jedes Mal und ohne Ausnahme hinter ihm herräumen und den Garten sauber machen. Auf meine Frage, warum er nicht gleich alle Äste, die am Boden liegen entfernen würde, antwortet er nur lapidar: „Mir ist es sauber genug."

Also übernehme ich mal wieder die Drecksarbeit – wie so oft. Außerdem kündigt er zum Beispiel Arbeiten im Haus oder Garten an, die er machen möchte, die aber dann wochen- oder sogar monatelang liegen bleiben. So lange, bis ich die Arbeiten selbst übernehme und vollende. Sein steter Satz dazu: „Ich hätte das schon noch gemacht!" Das bezweifle ich! Er hat jedes Mal so lange gewartet, bis ICH es gemacht habe. Immer dasselbe Spiel.

Nachdem unser Haus nach vielen Jahren der Maloche einigermaßen fertig gestellt war, fing Matthias an, exzessiv Sport zu treiben. Er meldete sich beim Schwimmverein an und besuchte dreimal pro Woche frühmorgens das Schwimmtraining. Es wurde mit der Mannschaft nach Plan konsequent trainiert, Team- und Einzelwettkämpfe erfolgreich absolviert. Eigentlich hatte ich die Hoffnung, dass nach der entbehrungsreichen Zeit des Aufbaus der Werbeagentur, der Durchführung eines Insolvenzverfahrens, des Hausbaus und der Kindererziehung wir als Paar endlich wieder Zeit und Muse für uns beide haben würden. Aber ich wurde bitterst enttäuscht. Jetzt hatte mein Mann ja endlich wieder Zeit für sich! Sogar dafür hatte ich Verständnis. Er hatte ja so hart gearbeitet in den letzten Jahren und die eigenen Bedürfnisse hintangestellt. Natürlich sollte er Raum haben für seine eigenen sportlichen Pläne! Nach einiger Zeit fing er auch noch das Laufen an. Dreimal Schwimmtraining, dreimal ca. 15 Kilometer Laufen pro Woche.

Der Sonntag ist für Krafttraining reserviert. Das Ganze fordert natürlich seinen Tribut. Matthias verlor über die Jahre immer mehr an Gewicht. Kilo für Kilo. Momentan hat er nur noch 65 kg bei knapp 180 cm Körpergröße. Was treibt ihn an? Der Gesundheitsaspekt, den er immer wieder ins Feld führt? Ich denke, das ist nur Augenwischerei. Der innere Antrieb für solch exzessives Sporttreiben ist wieder mal die Bewunderung, die er dafür von anderen Menschen erwartet. Mittlerweile Mitte Fünfzig kann er es nicht lassen, den Nachbarn demonstrativ seinen nackten Bauch zu zeigen, um mit seinen Bauchmuskeln zu prahlen. Wie peinlich ist das denn?

Außerdem hat er seine Ernährung vor Jahren umgestellt. Er isst fast kein Fleisch mehr, Wurst und Zucker hält er für „Gift", backt seit langer Zeit eigenes Brot, Linsen, Erbsen, Tofu, Quinoa etc. gehören hauptsächlich auf seinen Speiseplan. Gegessen wird im 16-8-Rhythmus, d.h. 16 Stunden ohne Nahrung, 8 Stunden Nahrungsaufnahme. Daran hält er sich akribisch. Jeden Morgen nach dem Sporttraining fängt er erst mit der Arbeit an. So gegen 11 oder 11:30 Uhr beginnt er mit dem Frühstück. Zwischen 17 und 18 Uhr kocht er dann für sich. Das bedeutet, dass es in der Regel nicht zu einem gemeinsamen Essen mit der Familie kommt. Ich koche mittags für die Kinder, er kocht für sich am späten Nachmittag. Davon lässt er sich nicht abbringen. Koche ich am späten Nachmittag für alle, bekomme ich fast immer ein „Nein" auf die Frage, ob er mitessen möchte. Das ist auf Dauer sehr frustrierend. Ich fände es sehr schön, wenn die Familie gemeinsam am Tisch sitzen würde. Wir kriegen das aber nicht hin, nicht mal am Wochenende. Obwohl der Papa ja im Haus arbeitet! Seit unsere Tochter Rebekka arbeitet und in einer anthroposophischen, integrativen Dorfgemeinschaft lebt, kommt sie ungefähr jedes vierte Wochenende nach Hause. Ich insistiere jedes Mal, wenn sie da ist, dass wir als Familie zusammen essen. An diesem Tag muss ich mir jedes Mal ein geseufztes „Ja, wenn DIR das so wichtig ist" anhören. Das Augenrollen kann man sich dazu bildlich vorstellen. Ja, es ist mir wichtig! Er braucht so viele „Extrawürste", dass man ihn gut und gern als „Diva" bezeichnen könnte. Es ist wirklich schwierig mit ihm! Ich vermute, er möchte durch seine zahlreichen „Extrawürste" auf andere Menschen interessant wirken. Matthias schafft es nicht, sich zu entspannen. Er muss immer etwas „Besonderes" machen, das ihn auszeichnet. Es ist wahnsinnig ermüdend! Matthias ist ein sehr schwieriger Mensch geworden. Das sagen sogar meine Freunde und Bekannten, die sich über die vielen Jahre immer seltener bei uns einfinden. Viele meiden ihn, da sie sich mit seiner dominanten, besserwisserischen Art nicht auseinandersetzen wollen.

Vor einigen Jahren hat Matthias damit angefangen, extrem scharfe Chilis selbst anzubauen. Die Pflanzen zieht er im Wintergarten groß, hegt und pflegt sie wie seinen Augapfel. Nach der Ernte werden sie getrocknet. Zum Schneiden benötigt er bei manchen Sorten Handschuhe, sonst würden sie die Haut angreifen. Chilis braucht er quasi zu jedem Essen, sogar zum Frühstück. Ich würde ihn als schärfesüchtig bezeichnen. Auch hier trägt er extreme Züge. Jeder, der zu Besuch kommt, muss seine Pflanzen bewundern und mindestens eine Frucht davon probieren. Für jede/n soll etwas dabei sein. Alle möchte er von dem tollen Geschmack der Chilis überzeugen. Auch hier giert er krankhaft nach Bewunderung.

Matthias ist ein großer Saunafan. Saunalandschaften sind für ihn der Ort der Entspannung. Wir waren des Öfteren mit der Familie im Winter in guten Wellnesshotels. Ich zusammen mit den drei Kindern den ganzen Tag auf der Piste beim Skifahren oder Snowboarden, er die gesamte Zeit im Schwimmbad oder in der Sauna. Das bedeutet für ihn Erholung. Matthias hält sich aber nicht nur in der heißen Sauna nackt auf, sondern spaziert im ganzen Saunabereich ohne Handtuch oder Bademantel herum. Das macht sonst kein Mensch. Ich selbst bin bestimmt das Gegenteil von prüde, aber dieses Gebaren war mir schon im-

mer peinlich. Sogar in der Sauna muss er zeigen, „was er hat",
soll er bewundert werden.

Welche Eigenschaften zeichnen Matthias noch aus? Er ist
das Gegenteil von großzügig. Ich selbst bin ein Mensch, der von
Herzen geben kann, außerdem Verantwortung übernimmt und
sich für andere einsetzt. Meine Zeit, meine Kraft, meine Energie und sogar meine finanziellen Mittel kann ich großzügig teilen. Es macht mir nichts aus. Ich gebe wirklich gern und aus vollem Herzen. Mein Mann ist genau das Gegenteil. Er ist knausrig,
rechnet zum Beispiel vor, wie viel Energie es kostet, Wasser elek-
trisch aufzuheizen, oder nimmt bergab beim Auto den Gang
raus und lässt es rollen, so weit es geht, damit es weniger Benzin
verbraucht. Kann man schon so machen, muss man aber nicht.
Das waren nur zwei von zahlreichen Arten, wie man seiner An-
sicht nach sparen kann. In der Summe der Knausrigkeiten trägt
es für mich schon wieder krankhafte Züge. Immer muss er andere belehren, wie etwas besser geht. Möchte man seinen Weg
nicht mitgehen und hat man eventuell eine eigene Meinung zu
einem Thema, wird man als „beratungsresistent" beschimpft.
Er weiß immer, was auch für den/die andere/n besser ist.

Haben wir Gäste im Haus und verbringen einen schönen,
amüsanten Abend mit ihnen, folgen in der Regel sehr nette und
entspannte Gespräche. Es wird gelacht und die Stimmung ist positiv. Erzählt jemand eine Geschichte, wirft mein Mann IMMER
und OHNE AUSNAHME seine Geschichte mit dem Satzanfang
„Moment, wie war das bei mir ..." dazwischen. Er hört die Erzählungen der anderen überhaupt nicht, nimmt sie nicht wahr,
verarbeitet sie nicht, hört nicht zu. Was ihn interessiert ist, dass
alle nun SEINER Sicht der Dinge und SEINER Geschichte zuhö-
ren müssen. Das heißt, bevor noch jemand am Tisch auf die vor-
herige Erzählung überhaupt eingehen kann, stülpt Matthias bereits allen SEINE Geschichte drüber. Die anderen verstummen.
Es entsteht eine komische Energie am Tisch. Die Stimmung ist
dahin. Er merkt es aber nicht. Dazu fehlen ihm die Antennen.
Das Feingefühl für Situationen. Empathie? Totale Fehlanzeige. Ich verstumme auch. Was soll man dazu denn noch sagen?

Wenn mein Mann jemanden nicht mag, dann tut er alles dafür, dass er diesen Menschen „leiden" lässt. Das heißt, er macht genau das, von dem er weiß, dass es eben dieser Mensch NICHT mag. Er piesackt mit dieser Methode andere Menschen, bis sie aufgeben. Mit mir macht er es nicht anders. Er liebt es, mich zu provozieren.

Dauernd sucht er neue wunde Punkte bei mir, um mich treffen zu können. Das hat mobbingartige, krankhafte Züge. Wenn ich etwas mache, das nicht in seine Weltanschauung passt, lacht er mich aus und macht sich über mich lustig. Es ist schwer zu ertragen und ich muss mich wahnsinnig zurückhalten, um nicht aggressiv zu reagieren. Schlage ich aber nicht seine Richtung ein, die er vorgibt, sondern mache MEIN Ding, werde ich von ihm abwertend als „schon wieder mal die Lehrerin" bezeichnet. Ich möchte doch einfach nur die Sachen so machen, wie ICH sie gerne machen möchte, und mich nicht von Matthias immer belehren lassen, was seiner Meinung nach besser sei. Ein Beispiel: Ich höre in der Küche gern Radio beim Arbeiten oder Essen, vorzugsweise den Infokanal B 5 aktuell. In kurzer Zeit bekommt man alle wichtigen Nachrichten geliefert und die redaktionellen Beiträge sind gut recherchiert. Matthias hatte diesen Sender viele Jahre lang auch mitgehört. Eines Tages wechselte sein Interesse und er favorisierte plötzlich den Sender des Deutschlandfunks. Für mich stellt das überhaupt kein Problem dar. Soll er bitte hören, was er möchte. Nun versuchte er aber, mich davon zu überzeugen, dass der Deutschlandfunk der viel bessere Sender sei, die Beiträge breit gefächerter und informativer. Ich wollte darauf aber nicht eingehen, denn ich war mit B 5 aktuell vollkommen zufrieden. Mein Desinteresse konnte er überhaupt nicht verstehen, da er mir ja die positiven Eigenschaften des Deutschlandfunks aufgedröselt hatte. Wie konnte ich nur so ignorant sein und den Sender nicht für gut befinden, denn er mir vorschlug? Wir hatten einige Diskussionen darüber, was mich schon wieder viel Energie kostete. „Die Frau Lehrerin ist also beratungsresistent!", das musste ich mir anhören. Dabei möchte ich doch nur den Sender hören, der für mich passend ist. Er kann es bis heute nicht verstehen.

Mein Mann ist ein Besserwisser. Er kann keinen meiner Sätze ohne Kommentar stehen lassen. Er muss immer „seinen Senf" dazugeben. Wenn er auf einen meiner Sätze antwortet, dann beginnt sein Satz immer mit dem Ausdruck „ja, aber". Und dann kommt seine Sicht der Dinge, in der klar wird, dass diese Sicht natürlich die Ultima Ratio ist. Im Umkehrschluss bedeutet das, dass ich überhaupt keine Lust mehr auf eine Unterhaltung habe, denn meine Ansichten, Überlegungen, Meinungen werden grundsätzlich konterkariert und sind deshalb wiederum ohne Wert. Außerdem sollte ich wohl am liebsten seine Ansichten übernehmen und teilen, weil sie ja die besseren sind. Das heißt, er lässt gar keine andere Meinung außer seiner eigenen gelten.

Nicht zu vergessen die Dinge, die den Haushalt betreffen. Ich kann nicht mal einen einfachen Espresso aus der Maschine laufen lassen, bevor ich nicht den Satz „also ICH mache das so ..." gehört habe. ICH mache das so ... das ist einer der Lieblingssätze meines Mannes. Weist man ihn darauf hin, dass man es selbst gern anders machen möchte, wird man als wieder mal als beratungsresistent und kritikunfähig bezeichnet. Eine verbale Ohrfeige.

Es stört ihn so ungefähr alles, was ich mache:

Die Gasflamme des Herdes kann nur von ihm korrekt bedient werden. Das lässt er mich immer wieder spüren, wenn ich diese in seinen Augen „viel zu sehr aufdrehe" und die Flammen links und rechts vom Topf nach oben schlagen.

Dann würde ja die Hitze an der Seite des Topfes vorbei nach oben ziehen. Hilfe, ich mag mich nicht schon wieder auf Diskussionen einlassen! Ich bin so müde.

Wenn ich abends ein Glas Wein oder ein Bier trinken möchte, kommt sicherlich der Kommentar: „Ah, du säufst schon wieder! Kein Abend ohne Alkohol, wie immer!"

Das ist ein so sinnloser Satz, denn es bleibt grundsätzlich nur bei einem Glas. Mehr mag ich gar nicht trinken. Aber er muss mir halt wieder seine Abfälligkeit mitgeben, damit ich mich schlecht fühle. Er liebt es, anderen ein schlechtes Gewissen zu machen. In diesem Gefühl kann er sich richtiggehend baden. Das befriedigt ihn.

Die Sohlen meiner Hausschuhe sind zu laut. Er hört mich, wenn er im Keller in seinem Studio arbeitet und ich mich im Erdgeschoss bewege. Wenn ich morgens die Treppe herunterkomme, muss er mich schon hören! Das bekomme ich jeden Tag aufs Tablett. Ich kämpfe täglich gegen seine Intoleranz. Für den Winter hab ich mir extra weiche Hausschuhe aus Lammfell gekauft, damit er sich nicht mehr beschweren kann. Seine Toleranzschwelle ist grundsätzlich sehr niedrig. Ich möchte über Hausschuhe einfach keine Diskussionen mehr führen und mache, was er von mir verlangt.

Viele Jahre hatte ich das Gefühl, wenn ich mit dem Auto nach Hause gefahren bin: Ich habe weder Lust auf dieses Haus noch auf diesen Mann. Keine Lust, heimzukommen. Eigentlich sollte das Gefühl doch genau konträr dazu sein, oder? Ich fühlte mich wie ein Fremdkörper in meinem eigenen Haus.

Heute weiß ich: ER ist der Feind in meinem Haus!

Matthias ist unbedingt darauf bedacht, dass die Hausarbeit gerecht aufgeteilt wird. Wenn er z. B. die Spülmaschine ausgeräumt hat, stellt er sofort klar, dass beim nächsten Mal ich dran sei. Oder: Er spült nur „seine Töpfe" ab, die er zum Kochen gebraucht hatte. Das restliche Geschirr bleibt einfach stehen. Das finde ich kleinkariert und unfassbar borniert. Ich könnte so etwas niemals tun. Ich bin doch für meine Familie da! Arbeite gern für alle und habe keine Probleme damit. Was ist schon dabei, den Dreck der anderen wegzuräumen? Es macht mir überhaupt nichts aus. Dafür hat man doch eine Familie, oder nicht? Beim nächsten Mal übernimmt es eben ein anderer. Ich verstehe so ein intolerantes Verhalten einfach nicht.

Auf der anderen Seite übernimmt er Aufgaben, um die man ihn bittet, nicht sofort. Er behauptet immer, jetzt keine Zeit zu haben, auch wenn es blitzschnell erledigt wäre.

ER möchte bestimmen, wann er etwas macht. Ich selbst habe mit Unterstützung, um die mich jemand bittet, überhaupt kein

Problem. Ich möchte die Aufgabe schnell und möglichst gut erledigen. Auf Matthias muss man jedes Mal warten, bis er sich bequemt, der Bitte zu entsprechen. Falls er eine Frau sein würde, würde man ihn als „Zicke" bezeichnen. Seine grundsätzliche Neigung zu zickigem Verhalten ist für ihn mehr als charakteristisch.

Oder aber er übernimmt Aufgaben, die mit einem gesunden Menschenverstand ganz leicht lösbar wären, macht diese aber unfassbar kompliziert und „abartig", sodass man wirklich an seinem Verstand zweifeln könnte. Hierzu gäbe es unzählige Beispiele aus dem Alltag. Wieder schaut er darauf, dass andere ihn in der Lösung des „schwierigen" Problems besonders bewundern. Und dabei wäre es doch so leicht gewesen, wenn man nur seinen gesunden Menschenverstand eingeschaltet hätte!

Leider hat er seinen Verstand auch vernachlässigt, als er beschlossen hatte, jedem der beiden Jungs zum jeweils 14. Geburtstag einen Computer zu kaufen, um diesen ins Kinderzimmer zu stellen. Ich bin leicht Amok gelaufen, weil ich nicht wollte, dass unsere Jungs zum „Zocken" anfangen sollten. Leider bewahrheiteten sich meine Befürchtungen und die beiden spielten jahrelang exzessiv an ihren Geräten. Matthias meinte nur, dass es Zeit wäre, sie an das neue Medium zu gewöhnen. So würde die moderne Kommunikation eben aussehen. Dass der Schuss nach hinten losgehen würde, war mir als Pädagogin nur allzu bewusst. Man hätte den Söhnen Geräte zur Verfügung stellen können, die eben NICHT in ihrem Zimmer stehen, sondern als Familiencomputer genutzt würden. So könnte man die Zockerei mit Computerspielen überwachen und leicht begrenzen. Meine fachlichen Einwände wollte Matthias nicht hören. Für ihn war klar, ER kauft für die Söhne einen Computer. Er ist für die Söhne natürlich der coolste Vater der Welt! Somit war ich mal wieder der Bad Cop. Ich hatte viele Jahre zu tun, die Zockerei der Jungs zu begrenzen, diskutierte, schimpfte, versuchte, zu überzeugen. Aber es ist sehr schwer, sich in einem Haushalt mit drei Männern durchzusetzen, vor allem wenn es um das Thema „Computerspiele" geht. Matthias ist selbst mit seiner Sprechstimme an vielen Spielen beteiligt. Er spricht dafür zahlreiche Rollen. Die Spielsucht hängt wie ein Damoklesschwert über unserer Familie. Ich kämpfe wie eine Löwin, dass sie keinen Einzug hält. Hatte ich mit meinem Mann wieder mal eine scharfe Diskussion bezüglich des Themas, beschimpfte er mich mit „typisch Lehrerin". Ließ ich aber immer noch nicht locker, legte er noch eins drauf: „Du bist wie deine Mutter!"

Das war das Totschlagargument, denn er wusste nur allzu gut, dass ich mich mit meiner Mutter nicht verstehe. So wie sie wollte ich niemals sein! Er hatte mich schon wieder mundtot gemacht.

Während der Kindererziehungsjahre und der Vollbeschäftigung beim Hausbau hatte ich mit der Computertechnik wenig bis nichts am Hut. Ich brauchte weder Handy noch Laptop, um meine Kinder zu erziehen. Als wir mit dem Hausbau einigermaßen fertig und die Kinder größer wurden, begann ich mich, für meinen Laptop zu interessieren, hatte aber diverse Berührungsängste. Ich fragte also Matthias, ob er mir helfen könnte. Das machte er auch. Er erklärt mir die gängigsten Sachen und richtete mir meine Programme ein. Dann drückte er mir das Anwendungsbuch von Microsoft Word in die Hand, damit ich mich erst mal selbst damit beschäftigen könne.

Ich aber hätte eine umfassende Einführung und Begleitung auf meinem Weg gebraucht. Auf verständnisvolle, didaktische Art, so wie ich es gemacht hätte, wenn mich jemand um Unterstützung gebeten hätte. Er ließ mich also schon wieder allein. Hatte ich nach vielen Wochen eine Frage, schnauzte er mich an, dass er mir das schon mal erklärt hätte und ich mir das schon selbst merken müsse. Wieder sollte ich mich also minderwertig fühlen. Es gelang ihm also schon wieder. Er tut alles dafür, mich emotional zu treffen. Ich wollte ihn nicht mehr fragen, um ihm keine weitere Option für eine verbale Ohrfeige zu geben. Ich fragte einfach andere Menschen, die sich in diesem Metier auskannten. Und ich bekam äußerst angenehme fachliche Hilfe.

Generell erfuhr ich sehr wenig Unterstützung durch meinen Mann in all den Ehejahren. Ich hatte sehr viel dadurch geopfert, dass ich die Kinder erzog und ein Haus baute. Welche Karriere hatte ich aufgegeben! Zwanzig lange Jahre förderte und forderte ich die Kinder. Ich kümmerte mich um die Schule, die Hausaufgaben, war präsent bei den Elternabenden der Schulen, wiederholte täglich diverse Vokabeln, unterstützte die Kinder beim Lernen, bereitete die Söhne für die Schulaufgaben im Gymnasium vor, fuhr beide zu den verschiedenen Trainingsstätten und Spielorte ihres Fußballvereins, Rebekka zum Reitunterricht, übernahm Fahrten zum Klavier- bzw. Geigenunterricht, brachte Rebekka wöchentlich sowohl zur Logopädie als auch zur Lerntherapie. Shuttledienste – viele, viele Jahre lang. Das heißt, ich unterstützte meinen Mann voll und ganz und hatte ihm die Kinder vom Hals gehalten, damit er sich auf seinen Job und seine Karriere konzentrieren konnte. Und das, seit wir verheiratet waren. Schließlich musste er ja das Geld für unser teures Haus verdienen. Dabei konnte ich ihm nicht helfen.

Auf der anderen Seite: Falls ER einmal einen der Söhne zu einem Fußballspiel gefahren hatte, wurde eine riesige Story daraus gemacht und immer betont, WAS er alles mit den Jungs gemacht hatte! Er brauchte schon wieder Beweihräucherung!

Ich liebe es, schöne Sachen um mich zu haben. Dazu dekoriere ich sehr gern zur Jahreszeit passend dezent unser Haus. Ich freue mich darauf, ein wenig Abwechslung zu sehen. Falls ich zu Weihnachten oder Ostern das Haus wirklich zurückhaltend und geschmackvoll dekoriert hatte, bekam ich jedes Jahr einen „Text". Er meinte, diesen christlichen Klimbim könne man sich gänzlich sparen. Jahrelang verbot er mir, einen Weihnachtsbaum zu kaufen, da er diesen „mit Pflanzenschutzmittel besprizten Scheiß" nicht im Haus haben wollte. Außerdem hätte er ja am 24. Dezember selbst Geburtstag und könne daher bestimmen, was er „rumstehen" haben möchte und was nicht. Er hatte den Weihnachtsbaum quasi verboten. Jahrelang hatte ich mich gefügt. Sogar das Gefühl, mich auf diese Jahreszeit freuen zu können, hatte er mir vergällt. Seit letztem Jahr gibt es wieder einen Weihnachtsbaum. Und er ist wunderschön! Nun macht er sich über die Dekoration lustig und lacht mich aus, welchen „Weihnachtskitsch" ich wohl wieder bräuchte. Es macht mir nichts mehr aus. Er kann mich nicht mehr beleidigen.

In den vergangenen zehn Jahren hat er viele Sachen von mir verlangt zu ändern, die vorher selbstverständlich waren. Angefangen hat es mit seiner Kreditkarte. Er meinte, ich solle mir nun endlich mal eine eigene Kreditkarte zulegen, um nicht immer seine benützen zu müssen. Dabei war das unser gemeinsames Konto, seit wir verheiratet waren! Ich gehorchte und beantragte eine eigene Kreditkarte von meinem Konto, auf das das Kindergeld überwiesen wurde. Dann sollte ich die Kosten unseres zweiten Autos, das hauptsächlich von Julian benutzt wurde, übernehmen. Matthias meinte, es ginge nicht, dass er beide Autos finanzieren würde. Also gehorchte ich wieder und übernahm die Kosten des Zweitwagens. Danach wollte er, dass ich kein Geld mehr von unserem gemeinsamen Konto abheben solle. Das sei nun sein „Geschäftskonto". Das war nur ein Vorwand, denn ein anderes, privates Konto hatte er bislang nicht eröffnet. Ich gehorchte schon wieder und bezog mein Geld, das ich brauchte, ausschließlich von meiner Bankverbindung. Alles, was er verlangte, wurde von mir umgehend und ohne Murren erledigt. Man konnte gar nicht mit ihm diskutieren. Er legte die Spur vor, die ich dann einschlagen musste. Ich konnte seinem dominanten Charakter nichts entgegensetzen.

Eine andere Charaktereigenschaft:

Matthias kann Opernarien nicht ausstehen, vor allem, wenn sie von einem Sopran gesungen werden. Matthias tituliert es gern als „abartiges Gekreische". Dabei war er mit mir vor vielen Jahren bei den Wagner-Festspielen in Bayreuth und hat sich damals durchaus als Wagnerfan bezeichnet. Richard Wagners Musik schätzte er sehr. In den letzten Jahren hat sich sein Musikgeschmack aber mehr in Richtung Progressive Metal entwickelt. Als er sich wieder mal echauffiert über die Sopranarie, die ich gehört hatte, hab ich ihn gefragt, warum er vor einigen Jahren die Musik von Richard Wagner so toll fand? „Was kümmert mich mein Geschwätz von gestern?" war seine Antwort.

Das war übrigens oft seine Argumentation, wenn man ihn auf sein Verhalten oder seine Meinung ansprach, die sich des Öfteren um 180 Grad drehte. Das heißt, man konnte und kann sich auf seine Einstellungen im Leben überhaupt nicht verlassen. Wie kann man ihm vertrauen?

Das macht ein Zusammenleben sehr schwierig. Er ist grundsätzlich ein unglaublich schwieriger Mensch.

Eines Tages kam Matthias nach Hause und machte sich über unseren Nachbarn lustig, einen sehr erfolgreichen Manager eines großen Konzerns. Diesen hatte er beobachtet, wie er die Einkaufstaschen seiner Frau und seiner erwachsenen Tochter, die augenscheinlich zuvor beim Klamottenshopping waren, trug und hinter ihnen her ging. Der Nachbar hatte sichtlich Spaß daran und agierte wie ein Gentleman alter Schule. Er trug die Einkaufstaschen seiner Damen sehr gern und mit Wohlwollen. Matthias meinte, er würde doch niemals so blöd sein, mir die Taschen zu tragen. Er konnte das mit keiner Zelle seines Körpers verstehen, mit welcher Liebe und Leichtigkeit der Nachbar gehandelt hatte. Welch ein Narr in seinen Augen!

Es liegen Welten zwischen unserem Nachbarn und meinem Mann. Leider.

Noch eine Episode, in der man sich gesunden Menschenverstand gewünscht hätte: Unsere Tochter Rebekka lebt seit einigen Jahren in einer wunderbaren integrativen Einrichtung und ist sehr glücklich dort. Leider hat sie seit ihrer Jugend ein Problem, ihr Gewicht einigermaßen unter Kontrolle zu halten. Verbringt sie bei uns zu Hause ihren Urlaub, isst sie sehr bewusst und bewegt sich viel. Aber in ihrer üblichen Umgebung achtet sie weniger auf die Ernährung und nimmt schon mal ein paar Kilo zu. Matthias unterstützt eigentlich die gesunde Ernährungsweise sehr und weist Rebekka immer wieder darauf hin, dass sie aufpassen müsse, vor allem weniger Kohlehydrate zu essen. Das entspricht seiner Essphilosophie. Ist Rebekka bei uns zu Hause, bereite ich gern frisches Obst als Teil des Frühstücks für sie zu. Das isst sie zu ihrem Müsli. Kommt Matthias vom Einkaufen zurück, bringt er ihr ein Schokocroissant zum Frühstück mit. Ein fettes Schokocroissant! Ich glaube, ich muss hier nicht unbedingt die Vor- und Nachteile zwischen Obst und Schoko-croissant erörtern. Auf meine Frage, ob es denn unbedingt die-se Fett- und Zuckerbombe sein müsse, sagte er äußerst domi-nant: „Fett ist überhaupt nicht das Thema! Das kann man gut verstoffwechseln." Klar, das kann ER gut verstoffwechseln. Er treibt ja auch jeden Tag exzessiv Sport. Seine Tochter nicht! Für sie wäre Obst am Morgen viel gesünder als ein Schokocroissant. Aber da lässt er sich auf überhaupt keine Diskussion ein. Für ihn ist Obst am Morgen eine schädliche „Fruchtzuckerbombe", die direkt ins Blut aufgenommen wird.

Welcher Irrsinn! Was soll man da noch diskutieren? Da ha-pert es mit dem gesunden Menschenverstand ganz gewaltig.

Ich kann sehr vieles aushalten und bin äußerst tolerant. Viel-leicht zu tolerant. Aber es macht einen völlig mürbe, wenn man nichts richtig machen kann und das eigene Handeln ständig ver-bessert wird. Der Selbstwert beginnt zu sinken. Man muss sich immer wieder vorsagen, dass man durchaus einen Selbstwert besitzt. Ich habe das Gefühl, nichts richtig machen zu können. Das sitzt bereits ganz tief in mir drin. Dauernd bin ich darauf bedacht, bloß „alles richtig" zu machen.

Wo ist mein Selbstbewusstsein geblieben? Er hat es sukzes-sive kaputtgemacht.

Dabei bin ich eigentlich ein recht selbstbewusster Mensch. Ich weiß durchaus, was ich kann.

Ich habe zwei Staatsexamen für das Lehramt erfolgreich be-standen, bin seit drei Jahrzehnten Lehrerin, komme mit mei-nen Schüler*innen und Kollegen*innen bestens aus und habe einen großen Freundeskreis. Die Beurteilungen meines Chefs bezüglich meiner pädagogischen Arbeit in der Schule sind je-des Jahr außergewöhnlich gut. Ich arbeite sehr gern im Team, sträube mich nicht, Verantwortung zu übernehmen. Außerdem bin ich seit mehr als 15 Jahren freiberuflich als Coach für „Kör-persprache und nonverbale Kommunikation" unterwegs. Meine Seminare haben mich quer durch Deutschland, Österreich und mittlerweile bis ins indische Bangalore geführt. Ich unterrichte erfolgreich Manager großer Konzerne, Mediziner, Hotelmanager, Banker, Schüler, Lehrer, Studenten und Privatpersonen. Alle Menschen, die an ihrer Kommunikation arbeiten möchten und an der Wirkung der Körpersprache interessiert sind. Meine Seminare verbreiten sich durch Mundpropaganda. Ich mache für sie keine Werbung. Mir machen die Coachings neben meinem Lehrberuf in der Schule großen Spaß. Es ist wunderbar, neue Menschen kennenzulernen. Auch ich profitiere von den unterschiedlichen Gruppen immer wieder aufs Neue. Ich musste es mir in den Jahren meiner langen Ehe immer und immer wieder vorsagen und mir den Umstand, dass ich eine gute Ausbildung habe und erfolgreich in meinen beiden Berufen bin, immer wieder ins Gedächtnis rufen, denn mein Selbstbewusstsein schwand mehr und mehr. Mein Mann hat mich viele Jahre lang im wahrsten Sinne des Wortes unterdrückt, sodass ich immer mehr an mir zweifelte.

Matthias hat wie schon erwähnt das Jurastudium nach einigen Semestern abgebrochen und hat dadurch keinen akademischen Abschluss. In meinen Augen macht das einen Menschen nicht weniger wert. Ganz im Gegenteil. Er ist nach wie vor sehr erfolgreich in seinem Beruf. Aber irgendetwas scheint es bei ihm auszulösen, dieser nicht vorhandene akademische Grad. Ist es vielleicht mangelndes Selbstbewusstsein? Ich weiß es nicht ... Würde man ihn dahin gehend befragen, würde er es mit einer übertrieben überheblichen Geste von sich weisen.

An irgendetwas muss es doch liegen, dass er sich immer über andere Menschen überhöhen muss, um sich selbst zu beweisen, wie toll er ist. Es ist total krank.

7

Respektlosigkeit, Provokation, verbale Misshandlung

Artikel 1 unseres Grundgesetzes lautet: Die Würde des Menschen ist unantastbar.

Artikel 2 (2): Jeder hat das Recht auf Leben und körperliche Unversehrtheit.

Artikel 3 (1): Alle Menschen sind vor dem Gesetz gleich.

Artikel 3 (2): Männer und Frauen sind gleichberechtigt. Der Staat fördert die tatsächliche Durchsetzung der Gleichberechtigung von Frauen und Männern und wirkt auf die Beseitigung bestehender Nachteile hin.

Wenn ich mir den Artikel 2 anschaue, dann heißt das im Umkehrschluss, dass alle, die einem anderen körperliches Leid zufügen, vom Gesetz her verfolgt und bestraft werden können. Meiner Meinung nach besteht hier eine Lücke im Gesetz. Ehemänner, die ihre Frauen körperlich misshandeln, können dafür bestraft werden. Aber Männer, die ihre Frauen psychisch und verbal misshandeln, werden nicht verfolgt. Hierin besteht die Lücke. Verbale Misshandlungen tun mindestens genauso weh wie ein Faustschlag ins Gesicht, sind aber nicht nachzuweisen, da man keine Schwellungen und Hämatome davonträgt. Verbale Attacken wirken jedoch weitaus subtiler und destruktiver als körperliche. Die Seele erleidet einen dauerhaften Schaden, das Selbstbewusstsein wird zerstört und die Selbstachtung konterkariert. Warum muss man das aushalten? Warum kann sprachliche Gewalt nicht bestraft werden? Warum kann der Täter nicht zur Rechenschaft gezogen werden? Es kann doch nicht sein, dass diese Taten gesellschaftlich geduldet werden! Dagegen muss etwas getan werden. Auch dafür habe ich dieses Buch geschrieben. Aus psychohygienischen Gründen.

Dazu schreibt Christine Merzeder in ihrem Buch „Wie schleichendes Gift":

Unkontrollierte, unvorhersehbare Wutausbrüche, Schreien und Beschimpfungen, ständige Abwertungen, bösartige Beleidigungen, haltlose Beschuldigungen – psychische Gewalt ist so brutal wie physische Gewalt, doch wird dies meist nicht anerkannt. Psychische Gewalt gibt es in vielen Varianten, doch immer verursacht sie bei ihren Opfern eine tiefe Verunsicherung. Angst und der Verlust des Selbstbewusstseins spielen eine entscheidende Rolle, dass die Täter Macht über ihre Opfer erlangen und diese leichter manipulieren können. Psychischer Missbrauch erfolgt jedoch auch in Formen, die von der Gesellschaft wenig wahrgenommen und weithin akzeptiert werden. Dazu gehören „Witze" über scheinbare Unzulänglichkeiten, Lügen, Respektlosigkeit, Herablassung und Bevormundung. Diese sogenannte Mikrogewalt kann bei den Opfern verheerende Folgen haben, insbesondere wenn sie ihr auf Dauer ausgesetzt sind. Als immer wiederkehrende spitze Nadelstiche können Attacken der Mikrogewalt die Seele schwer verletzen.[a]

Zwei der zahlreichen Misshandlungen, die mir mein Mann zugefügt hat, habe ich bereits im vorletzten Kapitel beschrieben.

Nun werde ich von weiteren verbalen Tiefschlägen berichten und versuche, sie chronologisch zu ordnen und mich an alles zu erinnern. In großen Teilen habe ich sie bereits in ein Büchlein notiert, nachdem sie mir um die Ohren geflogen sind.

Am Anfang waren es nur kleine Sticheleien oder Äußerungen, die mich wundern ließen.

Unser Sohn Julian war auf der Welt, es war so um das vierte Ehejahr und es hatte sich seit meinem Umzug in die Stadt, in der Matthias lebte, eingebürgert, dass wir regelmäßig alle zwei Wochen Sex hatten. Nach dem körperlichen Genuss lag ich für gewöhnlich noch gern an meinen Mann gekuschelt und hatte mein rechtes Bein auf seine Beine gelegt. Im vierten Ehejahr fing er aber an, mein Bein auf seinem Körper nicht mehr zu ertragen. Er schob es weg mit dem Kommentar: „Dein Bein ist echt zu schwer!" Und: „Wenn du so nah bei mir liegst, ist es mir viel zu warm". Ich fing an, ein schlechtes Gewissen zu bekommen. Eigentlich war mein Körper nicht schwer, mein Gewicht lag schon immer zwischen Ideal- und Normalgewicht. Also passte ich ab diesem Moment auf, dass mein Bein nicht mehr auf ihm lastete und es ihm eben nicht zu warm wurde.

Was mir weiterhin auffiel: Immer öfter schob er mich nach dem Sex weg, drehte sich auf die Seite und schlief ein. Ich fühlte mich emotional einsam, wollte aber deshalb keine Diskussion starten und schluckte die Enttäuschung jedes Mal hinunter. Ich gewöhnte mich an diese Situation.

Sie sollte sich nie wieder ändern. Hätte ich mit ihm darüber diskutieren sollen? Ich möchte niemanden zwingen, etwas zu tun, dass er oder sie nicht aus freien Stücken tut. Niemals! Lieber verzichte ich auf das, was ich gern hätte, als dass ich jemanden dazu nötige, etwas zu tun, was er nicht zu geben bereit ist. Anders wollte ich es nie haben!

Die gemeinsame Herzenszeit fehlte mir gewaltig – schon damals. Nie war Zeit, gemeinsam einen Film anzuschauen oder nur mal auf der Couch rumzugammeln. Matthias war immer am Arbeiten. War er zu Hause, waren die Kinder im Mittelpunkt. Waren die Kinder im Bett, ging er wieder zur Arbeit. Jeden Tag bis drei oder vier Uhr morgens. Das war nicht die Ausnahme, das war die Regel. Ich verbrachte also meine Abende alleine. Viele, viele Jahre lang. Tagsüber war ich mit Kleinkind und Baby ausreichend beschäftigt. Abends suchte ich mir verschiedene Aktivitäten. Das ging so weit, dass ich mir vornahm, eine Doktorarbeit zu schreiben. Ich suchte mir einen Lehrstuhl für Musiksoziologie und wurde in Wien fündig. Die zuständige Professorin fand das geplante Thema interessant und lud mich zum Doktorandenseminar ein. Leider musste ich ein halbes Jahr später erfahren, dass sie einem Ruf nach Boulder, Colorado, folgen und keine neuen Doktorarbeiten mehr annehmen würde.

Ich war mittelmäßig enttäuscht. Hätte ich meine freien Abende doch gewinnbringend und geistig mehr gefordert verbringen können.

Immer wenn ich Matthias auf seine viele Arbeit und die geringe Zeit, die er mit den Kindern und mir verbrachte, angesprochen habe, kam jedes Mal dieselbe Antwort: „Ich mache das alles doch nur für die Familie!"

Heute, mit weitem Abstand, kann ich behaupten: Nein, er machte es in erster Linie für sich! Er hat seine Karriere professionell aufgebaut. Er ist erfolgreich als Produzent und Sprecher. Er hat Kontakte geknüpft. Er ist in seiner Branche begehrt. Ich hatte meine Schulkarriere wegen der Familie und der Förderung unserer behinderten Tochter 17 Jahre auf Eis gelegt. So war das von Anfang an nicht geplant. Aber ich hatte keine andere Wahl. Was hätte ich für eine Karriere machen können! Nach meinen dienstlichen Beurteilungen zu schließen, hätte es sogar für den Weg bis zur Leitung einer Schule gereicht.

Matthias war schon immer ein Perfektionist. Er konnte andere Menschen, vor allem Kunden, perfekt manipulieren. Während er mit einem Kunden oder einer Kundin telefonierte, wusste er schon die Lösung für eine Werbekampagne oder einen Werbespot. Schnell denken und handeln war seine Leidenschaft. Das betonte er auch immer wieder in Gesprächen mit seinen Angestellten in der Werbeagentur. Jahre später, als wir in unser Haus gezogen waren, traf ich eine Mitarbeiterin der Agentur und fragte sie, ob sie meinen Mann im Betrieb vermissen würden. Ihre klare Antwort: „Nein, denn egal, was wir auch taten, Matthias wusste immer alles besser." Also ein Besserwisser, Schlaumeier, oder wie wir Bayern sagen „a Gscheithaferl". Das war er ganz bestimmt. Schon immer.

Matthias konnte und kann immer noch keinen Satz von jemanden einfach so stehen lassen wie er ist. Er nimmt jedes Mal eine Verbesserung vor und beginnt viele seiner Sätze mit „ja, aber"…

Dann relativiert oder ändert er die Meinung des anderen auf seine Weise und setzt seinen Standpunkt obendrauf. Auf Dauer macht das unglaublich aggressiv auf der einen und müde auf der anderen Seite. Man kommt ihm nicht an. Es ist zu aufwendig, zu zermürbend, ihm immer wieder Paroli bieten zu müssen.

Ein Beispiel:

Ich diskutierte mit den Söhnen einige Sportthemen. Es ging um Bewegungsanalysen und Trainingsmethoden. Da meldete sich mein Mann und meinte spöttisch: „Das, was du da erzählst, hast du wohl im Sportstudium gelernt. Und das ist zehn bis fünfzehn Jahre her. Inzwischen hat sich bestimmt viel verändert und es gibt neue aktuelle wissenschaftliche Erkenntnisse."

Mein Studium – und damit mein Wissen – wird also angezweifelt bzw. im Niveau heruntergezogen. Ich sei nicht auf dem neuesten Stand, was die Sportpädagogik anbelangt. Schon wieder hatte ich keine passende Antwort parat. Schon wieder mal hatte er mich mundtot gemacht.

Vor den Söhnen stand ich blöd da. Warum versuchte er, mich wieder mal niederzumachen? Ich verstand es einfach nicht.

Ein anderes Mal schrieb ich einen Einkaufszettel. Matthias wollte die Besorgungen für das Wochenende machen. Er baute sich in der Küche auf und versuchte, mein Geschriebenes zu entziffern. Lapidar meinte er nur: „Du hast eine schreckliche Handschrift!" Dazu muss man sagen, dass meine Handschrift für niemanden ein Problem darstellt, diese zu lesen. Viele Menschen haben mir schon gesagt, wie ausgesprochen schön meine Handschrift sei. Aber halt nicht für meinen Mann.

Er liebt es einfach, anderen ein schlechtes Gewissen zu machen oder ihnen wenigstens ein schlechtes Gefühl einzupflanzen. Dabei fühlt er sich großartig. So, als würde er einen Trumpf ausspielen.

Sitze ich im Wohnzimmer und schaue mir einen Film an, baut sich Matthias im Raum auf, schaut ein paar Minuten zu, um mir dann mitzuteilen, wie schlecht die Schauspieler wären oder wie einfach die Handlung gestrickt wäre, oder, oder, oder. Immer hat er etwas auszusetzen, um mir das Gefühl zu geben, ich würde weniger niveauvolle Filme ansehen als er. Das macht er grundsätzlich! Ich soll mich einfach schlecht und minderwertig fühlen.

Mein Mann liebt es, sich über andere Menschen zu stellen und sie lächerlich zu machen. Manchmal lacht er andere regelrecht aus. Wenn ich zum Beispiel etwas Schönes im Garten anpflanze, belustigt er sich darüber, dass es „schon wieder" keine bienenfreundliche Pflanze sei.

Habe wieder mal das Gefühl, nichts richtig machen zu können. Es fehlt die Wertschätzung. Ich brauche sicherlich keine Lobeshymnen, aber einmal einen Satz, dass ich etwas gut gemacht habe oder es ihm gefallen würde, könnte ich schon ab und zu brauchen. So wie jeder normale Mensch. Aber nein, ganz im Gegenteil: Ich werde für meine Bemühungen auch noch ausgelacht! Das ist so oft passiert. Unzählige Male hat er mir seine Missachtung gezeigt. Es tut weh. Meine Lust, etwas Schönes für die Familie zu gestalten, wird immer weniger. Eigentlich schade. Ich bin ein wirklich positiver Mensch, aber Matthias verleidet es mir zunehmend, Freude an meinem Tun zu empfinden. Er macht alles kaputt.

Ich liebe die Oper! Falls er mal einen Opernabend zusammen mit mir im Theater genossen hatte, fing er bereits auf der Heimfahrt im Auto an, mir den Abend kaputtzureden: Die Sänger waren zu schlecht, das Orchester zu laut, die Inszenierung ein Quatsch, usw. usf. Ich hatte den Abend so sehr genossen! Und nun war er in ein paar Minuten kaputtgeredet. Natürlich diskutierte ich mit ihm über diese Themen, aber er ließ niemals von seiner Meinung ab. Niemals. Er musste immer das letzte Wort haben!

Genauso verhielt er sich, wenn wir beim Essen waren. Egal ob zu einer Einladung oder in einem Restaurant, das ich ausgesucht hatte. Er hatte immer und überall etwas auszusetzen. Nichts war ihm gut genug. Für mich war das jedes Mal sehr ermüdend. Selbstverständlich war das Restaurant ganz besonders toll, wenn Matthias es ausgesucht hatte.

Welches leicht durchschaubare Spiel! Eigentlich unfassbar blöd!

Seine eigenen Produkte lobt er ausgiebig, auch vor anderen Menschen. Im neuen Haus hatte er angefangen, Brot selber zu backen. Das schmeckte sehr gut. Überall, wohin wir eingeladen waren, brachte er sein Brot mit und wurde natürlich begeistert empfangen. Er dozierte lang und breit über das Brotbacken und welche gesunden Zutaten im Brot seien, wie viele Ballaststoffe und natürlich alles Bio-Ingredienzien. Dabei kam das Eigenlob niemals zu kurz. Darin konnte er sich richtiggehend sonnen. Er forderte die Bewunderung der anderen für sich ein. Was natürlich in den meisten Fällen hervorragend klappte.

Das klappte auch, wenn er von seinem exzessiven Sporttraining berichten konnte. Jedem, der unser Haus betrat, hätte er am liebsten seinen trainierten – ich nenne ihn mittlerweile „ausgemergelten" – Körper gezeigt. Es kam nicht selten vor, dass er in Unterhosen durch unser Haus lief, auch wenn wir nicht allein waren. Es bereitete ihm besonderes Vergnügen, wenn die Freunde unserer Söhne im Haus waren, damit sie sehen konnten, welch tollen Body der Vater ihres Freundes hatte.

Ich fand das ganze Gebaren sehr grenzwertig. Es hatte auch schon leicht krankhafte Züge. Mir waren diese Situationen jedes Mal peinlich. Mit Matthias darüber zu diskutieren? Völlig zwecklos. Wenn ich ihm sagte, dass ich es für unangemessen hielt, dass er in Unterhosen durch das Haus liefe, wenn Besuch hier sei, antwortete er nur schnippisch: „ICH wohne hier und ich kann rumlaufen, wie ich will!"

Da hatte er recht und ich hielt wieder mal meinen Mund. Einverstanden war ich trotzdem nicht mit seinem Verhalten.

Man kann mit meinem Mann diskutieren, ihn angreifen, sogar auf persönliche Art und Weise. Aber man kann ihn nicht berühren. Es greift ihn emotional nichts an. Er ist nie beleidigt. Wir haben nach seinen verbalen Ausfällen diskutiert, gestritten und ich habe oft geweint, da ich mich so sehr verletzt gefühlt hatte. Es ficht ihn nichts an. Ich habe ihn emotional nie erreichen können.

Nicht einmal, als wir unseren ersten Urlaub mit unserer sechs Monate alten Tochter nach Italien unternahmen. Ich hatte gefetzt von Bayern bis Bologna und ihm ganz deutlich zu verstehen gegeben, dass ich nicht bereit wäre, ein zweites Kind zu bekommen, wenn er nicht endlich wenigstens einen Tag in der

Woche mit uns beiden verbringen würde. Ich hatte Tacheles geredet. Von da nahm er sich entweder samstags oder sonntags tagsüber frei. Niemals das ganze Wochenende. Nachts war er sowieso wieder in der Agentur.

Für seine Kinder war er der beste Papa der Welt, denn er spielte bei ihnen die Rolle des „good cop". Der „bad cop" war also ich. So hatte ich mir das nicht vorgestellt in der Kindererziehung. Aber diese Aufgabe überließ mir mein Mann sehr großzügig, denn dann musste er ja keine erzieherischen Aufgaben übernehmen und konnte für Spiel und Spaß da sein. Als die Kinder älter wurden, war er natürlich der coolste Dad, denn er hatte ein Tonstudio und war Musiker und Sprecher. Welcher der Freunde hatte schon einen solchen Dad?

Wenn einer der Söhne wirklich mal „bestraft" werden sollte, dann hat er ein Exempel statuiert und hat z. B. unserem Mittleren seine geliebten Sammelkarten, die er sich von seinem Taschengeld gekauft und mit den Freunden getauscht hatte, vor dessen Augen zerschnitten. Das tat mir sehr weh für meinen Sohn, der das Prozedere mit Schrecken verfolgen musste. Welch unsinnige Aktion! Pädagogisch völlig unbrauchbar! Ja sogar kontraproduktiv! Er musste ihm zeigen, wer der Stärkere war. Was für ein unfassbarer Mist. Julian hat mir so sehr leidgetan, aber ich konnte nicht eingreifen.

Julian war es auch, der mit circa 17 Jahren seiner ersten Liebe zum Valentinstag einen dreiseitigen Liebesbrief geschrieben hatte. Er legte ihn uns auf die Küchentheke und ich bewunderte ihn für seine eng geschriebenen Zeilen. Mit einem Lachen sagte ich zu ihm: „Einen dreiseitigen Liebesbrief hat dein Vater noch nie geschrieben." Daraufhin antwortete Matthias kaltschnäuzig: „Doch, aber nicht an dich!"

Mir blieb die Luft weg und das Lachen im Hals stecken. Dieser Satz wirkte wie eine schallende Ohrfeige. Als ich mich nach ein paar Minuten wieder berappelt hatte, fragte ich meinen Mann, ob er sich im Klaren sei, was er gerade gesagt hätte? Darauf erwiderte er nur lapidar: „Das war doch nur Spaß! Kann ich doch nichts dafür, wenn du keinen Humor hast. Wenn du das ernst gemeint hast, dann ist das DEIN Problem." Da war sie also, die zweite Ohrfeige. Ich konnte wie immer nur verlieren.

In den Jahren, als wir so sehr mit dem Hausbau beschäftigt waren, hatten wir keine Zeit mehr für uns als Ehepaar. Wir arbeiteten wie die Besessenen in jeder freien Minute, um das Haus fertig zu bekommen. Dazu die drei Kinder und der Betrieb meines Mannes. Partnerschaftliche Zweisamkeit war quasi gar nicht mehr vorhanden. Umso schöner gestaltete sich an einem Sonntag im Winter die Natur. Es hatte frisch geschneit, frischer Pulverschnee lag dick auf den Wegen und die Sonne schien vom tiefblauen Himmel. Die Schneedecke funkelte bezaubernd. Die Kinder waren an diesem Wochenende bei meinen Eltern zu Besuch. Am frühen Nachmittag sagte ich Matthias, dass ich liebend gern mit ihm einen Winterspaziergang machen würde. Er meinte nur, er hätte keine Zeit, er müsse sich nun endlich mal um die Kellertreppe kümmern, die sei immer noch nicht fertig.

Ich war so sehr enttäuscht. Konnte diese blöde Kellertreppe nicht mal eine Stunde warten? Echt nicht? Es war einfach unverständlich, dass sich Matthias nicht mal für diesen kurzen Spaziergang freinehmen konnte – oder wollte. So bin ich halt wieder, wie schon so oft, alleine in den Schnee losgezogen. Aber die schöne Natur konnte ich nun nicht mehr genießen. Er hatte es mir schon wieder kaputtgemacht. Nach einer halben Stunde im Schnee rief ich meine Freundin an, um ihr die Geschichte zu erzählen. Sie meinte, das sei alles nicht gut. Ich weinte.

Zu Hause angekommen konnte ich meine Enttäuschung nicht verbergen, was Matthias aber überhaupt nicht auffiel. Also ging es wieder so weiter wie bisher.

Ich klagte nicht. Vielleicht war das mein größter Fehler? Ich weiß es nicht. Von der Erziehung in meinem Elternhaus war ich es gewohnt, zu funktionieren und sich nicht zu beklagen. Meine Eltern waren sehr jung, als ich zur Welt kam, und sehr streng. Da meine Mutter arbeiten ging, um die junge Familie zu unterstützen, wuchs ich bei meiner Großmutter, einer Kriegswitwe, auf, in deren Haus wir lebten. Für mich war das überhaupt kein Problem, kam ich mit meiner Großmutter durchaus besser zurecht als mit meiner Mutter. Ich habe früh gelernt, nicht zu jammern. Bin mit den Nachbarjungs aufgewachsen und hatte Mutproben zu bestehen, die in der Rückschau alle recht kreativ und zum Teil sehr lustig waren. Diese hatten mich gelehrt, keine Angst zu haben. Ich bin auch heute kein ängstlicher Mensch. In meiner Ursprungsfamilie war es schon immer so, dass man nicht um Hilfe bittet. Das kam einfach nicht vor. Man ist stark, hält etwas aus und jammert nicht. Man funktioniert und tut das, was gemacht werden muss. So war das und so ist es auch noch heute.

Ich kann überhaupt nicht sagen, ob ich Liebe in der Kindheit erfahren habe, oder nicht. Meine Großmutter war immer als Ansprechpartnerin für mich da. Aber auch sie war eher eine strenge, Respekt einflößende Person als eine liebevolle. Als ich zwölf Jahre alt war, ist sie an Krebs gestorben. Sie wurde nur 56 Jahre alt.

Vielleicht ist das auch der Grund dafür, dass ich in meiner Ehe so viel ertragen und ausgehalten habe. Ich habe funktioniert. Ich habe mir viel gefallen lassen müssen. Zu viel. Ich wollte nie als intolerant gelten. Vielleicht war auch das ein Grund?

Mein Umfeld habe ich gern einigermaßen sauber und aufgeräumt. Dann fühle ich mich wohl. Das ist manchmal bei drei Kindern etwas schwierig, aber ich habe im Haus rundum für Ordnung gesorgt, ohne dabei Stress bei den Familienmitgliedern auszulösen. Als ich eines Tages Matthias gebeten hatte, er möchte doch bitte seine Sachen nicht überall herumliegen lassen, antwortete er mit einem „Mir ist es sauber genug".

Wie ignorant kann man eigentlich sein?

Mit den Jahren wurde Matthias immer exzentrischer und egoistischer. Er mutierte zum überzeugten Atheisten und versuchte, alle und jeden von seiner Einstellung zu überzeugen. Er war und ist immer noch auf Mission. Matthias erkennt keine höhere Instanz an, die über ihm sein könnte.

Die Selbsttranszendenz, die einen gesunden Charakter ausmachen würde, fehlt komplett.

Er kreist um sich selbst. Er fühlt sich als der Nabel der Welt. Eines Tages, als wir über die Beweisführung der Nichtexistenz

Gottes diskutierten, rief er aus tiefster Überzeugung: „Ich bin Gott! Jawohl, ich bin Gott!"

Dazu muss ich sagen, ich bin zwar katholisch aufgewachsen, aber Religion hat in meiner Ursprungsfamilie keine große Rolle gespielt. Daher bin ich den Weltreligionen gegenüber sehr locker und tolerant eingestellt. Im Gegensatz zu Matthias, der alle Religion als „Root of all Evil" (Wurzel allen Übels) bezeichnet und zu diesem Thema sogar einen Song komponiert und produziert hat. Diesen hatte er schon vor vielen Jahren einigen berühmten Hardrockbands als Komposition angeboten, aber die wollten nichts von dem Song wissen.

2011 waren wir alle zusammen für drei Wochen in den USA zu einer Rundreise aufgebrochen. Matthias hatte alles organisiert: die Übernachtungen, die Reiseroute, den Mietwagen. Es funktionierte auch alles wunderbar. Wir verbrachten an manchen Sehenswürdigkeiten jeweils einen oder mehrere Tage und es wäre wirklich eine schöne Reise geworden, wenn mein Mann nicht dabei gewesen wäre. Wir hatten in diesen drei Wochen so viel gestritten wie noch nie vorher. Er war die ganze Zeit unter Stress. Ich konnte nichts, aber auch gar nichts richtig machen. In der Nacht konnte er nicht schlafen, da ich angeblich zu laut schnarchte, tagsüber musste er lange Strecken mit dem Auto fahren.

Das Auto war nur auf seine Person versichert, somit konnten wir uns beim Fahren nicht abwechseln. Die Kinder schimpfte er gehörig aus, da sie während der Fahrten viel schliefen und „seine Reiseroute" und die Landschaften nicht entsprechend würdigten. Das Land ist wirklich schön und abwechslungsreich, aber ich konnte es nicht genießen. Ich war unter Dauerstress. Er tyrannisierte mich wegen Nichtigkeiten. Sogar meine eigene Meinung zu äußern, war schon falsch. Matthias schlug permanent mit verbalen Fausthieben um sich. Nach einigen Tagen hörte ich auf mit ihm zu sprechen und schaute nur noch aus dem seitlichen Autofenster. Wir fuhren ca. 6.500 Kilometer und besuchten viele interessante Orte. Als ich nach Hause kam, war ich ausgelaugt und todmüde vom Kampf mit meinem Mann.

Im Winter 2012 fuhren wir in den Winterurlaub nach Fiss in ein schönes Wellnesshotel. Den ganzen Tag ruhte sich Matthias im Saunabereich aus, ging spazieren oder schwamm seine obligatorischen Strecken. Ich war den ganzen Tag mit den drei Kindern auf der Piste beim Skifahren.

Ich erholte mich trotzdem sehr gut. Nach einer Woche Urlaub packte ich die ganzen Taschen und Koffer und Matthias fuhr in der Zeit noch ins Dorf zum Einkaufen. Wir wollten uns im Parkhaus neben dem Skidepot treffen, wo wir das ganze Gepäck ins Auto laden konnten. Dorthin habe ich vom Hotelservice unsere Taschen bringen lassen. Als Matthias vom Einkaufen zurückkam, parkte er – warum auch immer – das Auto im zweiten Parkhaus des Hotels, das auf der gegenüberliegenden Seite und deshalb schwerer zu erreichen war. Er dachte, man könne nicht mit dem Gepäckwagen ins Parkhaus neben dem Skidepot fahren. Warum er das dachte, das wissen die Götter! Für diese Annahme gab es nicht einmal den geringsten Hinweis. Der Hotelangestellte war etwas durcheinander, weil er verschiedene Informationen von Matthias und mir erhalten hatte. Als Matthias nun endlich das Auto zum verabredeten Platz gebracht hatte, war ich leicht angesäuert. Er sagte: „Ich hab halt einfach mitgedacht!" Darauf erwiderte ich: „Das hättest du auch lassen können." Auf diesen Einwand äußerte sich Matthias im Beisein der Kinder: „Normalerweise werde ich für meine guten Ideen gelobt, aber dass ich das von DIR nicht erwarten kann, das hab ich mir schon gedacht!" Das ließ ich nicht auf mir sitzen. So eine Ungerechtigkeit! Er hatte nicht eine Sekunde darüber nachgedacht, ob er es eventuell war, der einen Fehler gemacht hatte. Auf der Heimfahrt ging also die Diskussion weiter. Ich hab ihm gesagt, dass man derart nicht miteinander umgehen könne. Das macht man einfach nicht! Da schlug mir Matthias wieder einen verbalen Fausthieb ins Gesicht: „Wer bist du denn, die du hier die Moral aufstellst?"

Die Basis eines gemeinsamen Zusammenlebens stellte er also infrage.

Ich bin immer noch ungehalten darüber, wie er mich immer wieder verbal zusammenknüppelt. Es ist so schockierend, dass ich nichts entgegenzuhalten habe. Wie meistert man eine solche Situation? Soll man aus dem Auto aussteigen? Soll man eine Szene machen? Vor den Kindern? Nein, das bin nicht ich. Ich hab mich zurückgezogen, gelitten und kein Wort mehr gesagt. Alles, was ich sagen würde, würde mit einer doppelten und dreifachen Retourkutsche zu mir zurückkommen. Er hatte mich wieder mal mundtot gemacht.

Der Kommunikationsforscher Marshall Rosenberg nennt die Form derartiger Kommunikation „gewalttätige Wolfssprache" oder lebensentfremdende Kommunikation. Sie kommt dann zum Einsatz, wenn nicht auf Augenhöhe kommuniziert wird. Gewalt tritt Rosenberg zufolge immer dann auf, wenn eigene Interessen und Bedürfnisse auf Kosten anderer erfüllt werden. Zur Wolfssprache gehört auch, Verantwortung für die eigenen Handlungen zu leugnen, gemäß dem narzisstischen Klassiker: Schuld sind immer die anderen.[b]

Zwei Jahre später flogen wir an die Algarve, um in einem Surfcamp das Wellenreiten zu erlernen. Es war wieder die gesamte Familie unterwegs.

Matthias teilte mit Rebekka ein Zimmer, um, wie er es formulierte, sich vor meinem Geschnarche zu schützen. Gott war ich froh, nicht schon wieder zur Zielscheibe zu werden. Nach der ersten Nacht beschwerte er sich bitterlich, dass es so viele Mücken im Zimmer gab. Nun ging der Stress also schon wieder los! Man konnte es ihm einfach nicht recht machen. Es ermüdete uns alle zusehends und der Urlaub wurde mehr zur Qual als Erholung. Wir hatten jeden Tag drei Surfeinheiten. Die Jungs machten schnelle Fortschritte, da sie den Bewegungsablauf vom Skateboardfahren gut kannten. Bei mir ging es nicht ganz so schnell, aber da ich Snowboarderin bin, stellten sich auch bald kleine Erfolge ein.

Eines Nachmittags sagte der Surflehrer zu unserer Gruppe, wir sollten im Wasser enger beisammen stehen und surfen, damit wir nicht so viel Platz einnehmen würden. Ich zog also mein Brett in Richtung der Stelle, wo Matthias unterwegs war.

Er paddelte gerade eine Welle an, stellte sich auf das Brett und kam direkt auf mich zu. Natürlich musste er abspringen, da er mich sonst umgefahren hätte. Er schrie mich an, so laut und aggressiv er konnte: „Verdammte Scheiße, wie blöd bist du eigentlich? Du siehst doch, dass ich hier fahre!"

Ich war mit meinen Nerven am Ende. So eine Aggression hatte ich noch nie in meinem Leben erlebt. Und das noch dazu von meinem eigenen Mann.

Für mich war auch dieser Urlaub gelaufen. Er hatte ihn mir schon wieder kaputt gemacht.

Von diesem Augenblick war für mich klar: Ich würde nie wieder mit ihm einen Urlaub verbringen. Kinder – ja, Mann – nein.

Warum sind die Wutgefühle des Narzissten so extrem? Narzisstische Kränkungen lösen in einem Narzissten, kurz gesagt, ein Gefühl der Ohnmacht aus, das er mit seiner Wut überwinden kann, weil er damit in der jeweiligen Situation wieder die Regeln bestimmt. Auf diese Weise wird die Kränkung „ausgebügelt". In einem solchen Moment der narzisstischen Wut ist der „Beleidiger" der Feind. Absolut, ohne Abstufung und Zwischentöne. Die Wut des Narzissten ist aber auch deshalb so extrem, weil es ihm an emotionaler Empathie mangelt. Er kann sich kaum oder gar nicht in den (vermeintlichen) Beleidiger einfühlen oder ihn verstehen. Deshalb sieht er den „Feind" in seiner narzisstischen Realität nicht als Person mit eigenständigen Beweggründen, Wünschen und Einstellungen.[c]

2013 spielte ich mit dem Orchester ein schönes Konzertprogramm, innerhalb dessen auch ein Fagottkonzert aufgeführt wurde. Nach dem Konzert kritisierte Matthias, dass das Orchester stellenweise den Fagottisten klanglich zugedeckt hätten und er nicht gut zu hören gewesen war. Nun war das die einzige negative Kritik, die an diesem Abend zu hören war. Matthias musste natürlich wieder das Haar in der Suppe finden, um zu zeigen, wie feine Ohren er hatte. Am nächsten Tag fragte ich unseren Solisten, wie dessen Musikerkollegen, alle aus einem Münchner Profiorchester, das Konzert erlebt hätten. Er meinte nur: „Ganz im Gegenteil! Das Orchester hat sogar äußerst sensibel begleitet. Es war überhaupt kein Problem, klanglich durchzukommen." Das habe ich natürlich zu Hause meinem Mann erzählt. Er meinte nur, dass ich eben gar keine Kritik annehmen könne und dieser Umstand wahrscheinlich ein Relikt aus meiner Kindheit wäre. Das habe ich mir nicht gefallen lassen und ihm Kontra gegeben. Daraufhin kam von ihm der Satz: „Du bist der selbstgefälligste, selbstverliebteste, narzisstischste Mensch, den ich kenne."

Er überträgt also seine Charakterzüge auf meine Person. Das ist krank.

Unser Scharmützel ging noch ein paar Tage lang. Verbal und schließlich auch in schriftlicher Form. Da ich ihm verbal keine Angriffsfläche mehr geben wollte und auch keine Chance, mir das Wort wieder mal im Mund herumzudrehen, verfasste ich folgende Mail:

Mein lieber Gatte,

natürlich kommt es darauf an, **WER** Kritik übt und ob es wirklich eine fundierte Kritik ist. Wird eine Kritik deshalb eingesetzt, um die Umwelt mit der **eigenen** scheinbaren fachlichen Kompetenz zu beglücken, dann kann ich liebend gerne darauf verzichten. Wie schon mal gesagt: Ich wäre nicht so erfolgreich in meinen beiden Berufen, wenn ich nicht auf Kritik – ausgesprochen oder nonverbal – reagieren würde. Ich habe sehr feine Antennen diesbezüglich und verarbeite jede Form von Kritik. Aber ich bin auch selbstbewusst genug, zu unterscheiden, ob mich diese Kritik persönlich weiterbringt oder nicht. Selbstbewusstsein setzt du leider mit Selbstverliebtheit gleich. Schade.

Von einem Menschen, der seit 20 Jahren versucht, mich verbal zu demütigen oder sogar zu misshandeln, kann und will ich keine Kritik mehr annehmen.

Das ist eine reine **Schutzfunktion**! So geht man mit Mitmenschen einfach nicht um, schon gleich nicht mit seinem Partner! Und das hat gar nichts mit Moral zu tun. Das sind ungeschriebene soziale Gesetze, die ein Miteinanderleben erst möglich machen. Das hat auch nichts mit meiner Empfindlichkeit gegenüber Kritik zu tun. Ganz im Gegenteil: Ich bin ein sehr geduldiger Mensch. Ich lasse sehr viel über mich ergehen. Eine Frau, die **wirklich** empfindlich wäre, hätte die Demütigungen wahrscheinlich keine drei Jahre mitgemacht.

Vielleicht hätte ich schon viel früher etwas sagen sollen. Das ist es, was ich mir wirklich vorzuwerfen habe:

Ich habe mich viel zu lange nicht gewehrt!

Das ist seit einiger Zeit anders. Und damit kommst **du** nicht zurecht.

Das soll heißen: Ich habe meinem Mann durchaus Paroli geboten! Aber eine Einsicht seinerseits oder ein Reflektieren seiner Handlungen konnte ich niemals erwirken.

2016 war ich alleine für eine gute Woche an der Amalfiküste. Matthias hatte die Zeit zu Hause verbracht, die Jungs waren im Pfadfinderlager. Wie immer erzählte er mir als ich zurückkam, wie gestresst er sei und was und wieviel er gearbeitet hatte in der letzten Woche. Außerdem solle ich mich mehr an den anfallenden Kosten beteiligen und z. B. die Zahlungen für das zweite Auto übernehmen. Er war sichtlich unzufrieden mit der

Situation, dass ich alleine weg war und mich erholt hatte. Ich sagt ihm, er könne ja mitkommen, wenn er wolle. Darauf Matthias: „Ich kann mich einfach nicht erholen, wenn ich mit dir in Urlaub fahre!"

Na, das hat wieder gesessen!

2018: Ich war auf dem Weg zum Skifahren und sollte Matthias auf dem Weg in die Stadt mitnehmen, die ungefähr 12 Kilometer von unserem Haus entfernt ist. Ich hatte ihm gesagt, dass ich pünktlich um 14 Uhr losfahren möchte, um nicht in den obligatorischen Freitagstau zu geraten. Letztendlich waren wir um 14:20 Uhr auf dem Weg. Ich hätte mich nach seiner Aussage nicht deutlich genug ausgedrückt. Es ging mir wahnsinnig auf die Nerven, dass er mir schon wieder mal mein eigenes Wort im Mund umdrehen wollte. Ich war sauer! Als ich nicht nachgab, meinte er ganz theatralisch die Augen verdrehend: „Na gut, ICH bin schuld! Jetzt lass es aber gut sein!" Aber ich wollte dieses Theater nicht akzeptieren und forderte eine ehrlich gemeinte Äußerung von ihm. Daraufhin brüllte er mit 100 % seiner Maximallautstärke, mit geschätzten 110 Dezibel, in mein rechtes Ohr! Ich stoppte den Wagen und wollte ihn rauswerfen, aber er weigerte sich, auszusteigen. Es wurde ziemlich laut zwischen uns. Da meinte er sehr emotional: „Bin ICH froh, dass DU einige Tage weg bist! Dann ist wenigstens Ruhe! Jeder Tag, an dem ich dich nicht sehen muss, ist ein guter Tag für mich."

Von einem Narzissten kann man grundsätzlich kein ehrlich gemeintes und tief empfundenes „Verzeih mir" erwarten, denn dies würde Selbstkritik, Einfühlungsvermögen und die Erkenntnis, jemanden verletzt zu haben, voraussetzen.

Eine unlösbare Aufgabe für einen Narzissten. Kritik kommt bei einem Narzissten nicht an, sondern wie ein Bumerang zu dem zurück, der die Kritik geäußert hat. Wenn wirklich mal ein „Entschuldigung ..." von ihm kommt, hat es immer einen Nachsatz á la „... du bist aber auch empfindlich, heute", handelt es sich um einen Klassiker der narzisstischen Manipulationsstrategie. Den so Angesprochenen schwächt er mit diesem Satz, aber er selbst gibt nicht eine Sekunde lang sein Fehlverhalten zu. Wie selbstverständlich liegt die Schuld immer bei den anderen, nie bei sich selbst.

Krankhafte Züge hat auch seine Mimik angenommen. Matthias kann gar nicht mehr normal mimisch antworten. Er übertreibt seine mimische Reaktionen, als wäre er ein schlechter Schauspieler. Das wirkt sehr künstlich und irritierend auf seine Gesprächspartner. Sowohl das Lachen als auch Gesichtsausdrücke des Bedauerns oder des Mitgefühls sind nicht echt. Er spielt dem/r Anderen immer etwas vor. Sein Gesicht verzieht er eher zu einer Fratze als zu einem natürlichen Gesichtsausdruck. Zu einem ehrlichen, von innen kommenden, emotionalen Ausdruck ist er gar nicht mehr fähig. Das ist im Laufe der letzten zwanzig Jahre immer schlimmer geworden.

Es sieht so aus, als würde er eine Rolle in einem Theaterstück spielen.

2018 war auch das Jahr unserer Silberhochzeit. 25 Jahre hatte ich es schon ausgehalten. Eigentlich unfassbar, wenn man es nüchtern und mit gesundem Menschenverstand betrachtet. Uns beiden war klar, dass wir keine große Feier organisieren würden für das Jubiläum. Aber ich wollte, dass unsere ganze Familie sich an dem Abend Zeit nimmt und wir alle in ein gepflegtes Restaurant zum Essen gehen. Die drei erwachsenen Kinder und wir beide. Als ich diesen Vorschlag machte, ergänzte Matthias im Brustton der Überzeugung: „In der Campinggaststätte im Nachbardorf würde man recht gut essen." Es hatte nicht viel gefehlt und ich hätte einen Lachkrampf bekommen. Campinggaststätte! Zur Silberhochzeit! Ich hatte sofort das Bild von einem großen Schnitzel mit Pommes vor Augen. Wenn es nicht so traurig gewesen wäre, hätte ich mich wirklich darüber amüsieren können! Aber er hatte es wirklich ernst gemeint. Ich war völlig konsterniert, brauchte aber nur wenige Augenblicke, bis ich mich berappelt hatte, um ihm folgende Antwort zu servieren: „Wenn DU zu geizig bist, deine Familie schön zum Essen einzuladen, dann werde ICH dafür sorgen." Also reservierte ich in einem edlen Restaurant einen Tisch für uns fünf. Wir hatten einen schönen Abend mit sehr gutem Essen und die 380

Euro waren gut angelegt. Matthias hatte nicht mal gefragt, ob er sich an den Kosten beteiligen könnte. Das hätte auch meine Achtung vor mir selbst niemals zugelassen. Matthias aber hat sich gern von mir aushalten lassen und hatte nicht mal den Anflug eines schlechten Gewissens.

Eines Tages – wir hatten mal wieder über ein Thema eine heftige Auseinandersetzung – warf Matthias mir vor, dass ich mein Geld hauptsächlich für meinen eigenen Spaß ausgeben würde, und dass ich vergnügungssüchtig wäre. Die Diskussion wurde schnell wieder mal recht laut geführt, aber ich hatte mit meiner Argumentation nicht die geringste Chance. Er meinte, dass ich „auf der Flucht" wäre. Daraufhin habe ich folgende Nachricht an ihn verfasst:

Mein Gatte,

wenn ich – wie du es sagst – „auf der Flucht" bin, dann solltest du dir eventuell auch mal überlegen, WARUM das so ist. Deine ewigen Verbesserungsvorschläge, deine andauernden Versuche, mir ein schlechtes Gewissen zu machen, und dein Besserwissertum gehen mir dermaßen auf den Geist, dass ich mich gern ab und zu ausklinke, um das Leben auch genießen zu können und zu entspannen, um meinen Tinnitus nicht noch schlimmer werden zu lassen. Eine ganz „normale" Konversation, ohne dass du mit irgendeinem angelesenen Wissen glänzen musst, kannst du schon gar nicht mehr führen!!! DAS solltest du dir auch mal in einer ruhigen Minute überlegen. Und bitte: Erwarte KEINE Beweihräucherungen mehr von mir. ICH muss dir ja auch nicht den ganzen Tag sagen, was ICH alles Tolles gemacht habe und wie super alles ist, was ich in die Hand nehme. Das muss doch nicht sein, oder? Das, was du machst, ist gut, sonst würdest du es auch nicht machen. Dann lass es doch auch damit gut sein. In deinen Augen kann ICH doch gar nichts richtig machen. Du meckerst laufend nur an mir rum und hast Verbesserungsvorschläge für jeden noch so unwichtigen Scheiß! Ich habe es aufgegeben, dir etwas recht machen zu wollen. Es hat ja sowieso keinen Sinn. Ich möchte einfach nur IN RUHE und STRESSFREI die Sachen machen, die ich mache. Und zum Schluss: Nicht ICH bin im Urlaub stressig, sondern DU! In keinem Urlaub in den letzten 15 Jahren war es mit dir entspannt. In Portugal und USA hast du dich aufgeführt wie ein Irrer! Das kann man niemandem erklären, der es nicht mitgemacht hat. Ein echter Irrsinn! Lustigerweise komme ich mit allen Leuten in meinen Urlauben supergut aus und es gibt nicht eine stressige Minute. Also, an wem liegt es nun? Falls dies dir guttut: Ja, ich bewundere dich dafür, dass du mit deinem Mundwerk so viel Geld verdienen kannst. Ich hätte in den letzten 25 Jahren aber einfach auch mal emotional einen „Mann" gebraucht und nicht nur einen Brötchenverdiener. Aber DAS war dir nicht wichtig genug, oder du hattest mal wieder keine „Zeit", weil du ja „Geld ranschaffen" musstest. Schade eigentlich. Es hätte so gut sein können. Beste Grüße.

Also, niemand kann behaupten, ich hätte mich nicht tatkräftig gewehrt. Leider ohne jeglichen Erfolg.

2020: Eines Sonntagnachmittags kam ich vom Reiten nach Hause und fragte Leopold, ob er schon etwas gegessen hätte. Er verneinte und sagte, er würde mit Papa zum Italiener Essen gehen. So gegen 17 Uhr. Ich meinte, ich würde dann auch mitkommen und Leopold freute sich über den Vorschlag. Kurz nach 16 Uhr zog ich mich um und machte mich fertig zum Gehen. Als ich Matthias in der Küche antraf, sagte ich ihm, dass ich zum Italiener mitkommen würde. Da tat er ganz überrascht: „Ach, dir schmeckt es dort doch gar nicht so gut, oder? Ich wollte heute Abend mit Leopold ALLEINE dorthin!"

Daraufhin bin ich kurz aber heftig ausgerastet und hab sofort Leopold mitgeteilt, dass mich Matthias nicht dabei haben will. Er hat das mit seinem Papa geklärt und sich auf meine Seite gestellt. Fazit: Leopold ist zu Hause geblieben und hat für uns beide gekocht. Matthias ist ebenfalls zu Hause geblieben und hat für sich selbst gekocht.

Was für ein abartiges Affentheater!

Als Matthias mir mal wieder vorgeworfen hatte, ich hätte das Kochgeschirr, das ich abgewaschen und zum Trocknen aufgestellt hatte, nicht weggeräumt und er immer hinter mir herräumen müsse, ist mir der Kragen geplatzt. Ich habe wortwörtlich folgende Nachricht an ihn verfasst:

Mein Gatte,

deine Antwort, du „hättest es satt, seit Jahrzehnten hinter meinen Sachen – saubere und schmutzige – herzuräumen" kann ich nur folgendermaßen retournieren:
Seit Jahrzehnten räume ICH die Sachen in diesem Haus auf: saubere wie schmutzige.
Seit Jahrzehnten wasche ICH die Wäsche für die ganze Familie, falte sie sauber zusammen, bügle sie bei Bedarf und verbringe sie in die Schränke.
Seit Jahrzehnten putze ich Klos, Badezimmer, Wohnzimmer, Küche, Schlaf- und Kinderzimmer.
Seit Jahrzehnten halte ich den Hauswirtschaftsraum und die Speisekammer sauber.
Seit Jahrzehnten putze ich 35 Fenster in diesem oder anderen Häusern.

Seit Jahrzehnten kümmere ich mich darum, dass die Fußböden geölt, die Silikonfugen dicht und das Holz der Möbel gepflegt ist.

Seit Jahrzehnten kümmere ich mich um die Belange des Gartens, pflanze Gemüse und Obst, welches für ALLE gern zu ernten ist.

Seit Jahrzehnten packe ich die Sachen und organisiere alles perfekt rund um verschiedenste Urlaube mit den Kindern.

Seit Jahrzehnten kümmere ich mich gern um alle organisatorischen Belange der Kinder, v. a. von Rebekka.

Seit Jahrzehnten fördere ich unsere behinderte Tochter, wenn sie da ist, jeden Tag.

Und weißt du was? Ich mache es gern! Sogar für dich! Ich habe noch nie aufgerechnet, so wie du es gern machst, wer, wann, was, wie viel gemacht hat. Das finde ich absolut lächerlich, kleinkrämerisch und auch widerwärtig.

Etwas gern für die Gemeinschaft zu tun, nennt man grundlegende Sozialkompetenz. Dazu gehört Teamfähigkeit, Toleranz, Einfühlungsvermögen, Kritikfähigkeit uvm.

Leider bringst du diese Tugenden nicht mit. Schade. Du bist und bleibst ein Einzelkämpfer, ein Einzelgänger und ein Egoist, der sich als ehemaliger Chef nicht dazu herablassen möchte, den Dreck der anderen (sogar wenn er sauber ist), aufzuräumen. Du machst nur DEIN DING, deine Chili, deine Tomaten, dein Schwimmen, dein Laufen usw. usf. Mir persönlich ist das mittlerweile total wurscht. Was mir aber nicht egal ist, ist die Tatsache, dass unsere Kinder mit deinem unsozialen Wesen tagtäglich konfrontiert sind und sich nicht dagegen wehren können, da sie es ja von dir nicht anders kennen.

Nach dieser Nachricht herrschte erst mal tagelang Funkstille. Mir war das durchaus recht.

Diese kleine Geschichte ist auch noch erzählenswert.

Unserer mittlerer Sohn Julian, der seit etwa einem Jahr in einer Großstadt in Westdeutschland lebt, war für ein paar Tage zu Besuch bei uns. Alle Kinder waren also zu Hause und ich spielte mit ihnen Karten. Wir hatten recht viel Spaß dabei und es wurde viel gelacht. Matthias, der auch in der Küche war, setzte sich zu uns an den Tisch und begann, während des Kartenspiels eine ganz „spannende" Geschichte zu erzählen, die er am Vortag erlebt hatte. Keiner von uns hörte ihm zu. Wir spielten einfach weiter. Nach ein paar Sätzen bemerkte er unser Desinteresse, sprang theatralisch auf und warf uns ein paar aggressive Sätze an den Kopf. Er war empört, dass ihm keiner zuhörte.

Wie unsensibel auf der einen und dominant-wichtigtuerisch auf der anderen Seite muss man sein, dass man sich für den Nabel der Welt hält und glaubt, die anderen würden nur darauf warten, seinen „spannenden" Geschichten zu lauschen? Kein Gefühl für eine Situation.

Im Sommer 2020 hatte Matthias Urlaub an der Ostsee gebucht. Für sich alleine. Eigentlich wollte ein Bekannter, mit dem er geschäftlich zu tun hat, mitkommen, aber coronabedingt hatte dieser abgesagt. Ein paar Tage bevor er abfahren sollte, hatte ich in den Gartensäcken ungefähr fünfzig abgeschnittene Rosenköpfe entdeckt. Zum Teil verblüht, zum Teil aber noch in voller Blüte. Einfach abgeschnitten. Meine wunderschöne weiße Muskatrose war auch kahl rasiert. Ich war entsetzt! Ich war so froh, dass sie endlich Blüten getragen hatte. Sie waren wunderschön! Nun lagen sie abgeschnitten im Gartensack. Ich fischte etwa dreißig kleine und große Rosenköpfe, die in voller Blüte standen heraus, und brachte sie zu Matthias, der in der Küche arbeitete. Fassungslos fragte ich ihn, warum er denn die Rosen abgeschnitten hätte. „Die wären sowieso demnächst verblüht", meinte er kalt. „Aber die schneidet man doch nicht, wenn sie in voller Blüte stehen!", antwortete ich.

„Wer, …?" fragte er. Ich redete weiter: „Das macht man einfach nicht so, sondern die knipst man ganz vorsichtig mit den Fingern ab, wenn sie verblüht sind …", fuhr ich weiter.

„Nein, WER das wissen will?", unterbrach er mich. Ich war noch viel fassungsloser und in mir stieg eine solche Wut auf. So ein Flegel! Das war unterste Schublade! „Warum bist du bloß so ein überhebliches Arschloch?", schleuderte ich ihm entgegen. Das hatte ich noch nie zu einer Person gesagt. Ich schämte mich nicht im Geringsten.

„Jedem, wie er es verdient!" Das war seine Antwort. Und das, obwohl ich so viel für meine Familie und sogar ihn getan hatte! Das hatte ich also „verdient"? Ich hatte ihm ein Viertel Jahrhundert den Rücken freigehalten, damit er Karriere machen und sich verwirklichen konnte!

Ich hatte unsere behinderte Tochter gefordert und gefördert, jeden Tag, 20 Jahre lang. Ich hatte ein Haus mit meinen Händen gebaut, den Garten eigenständig gestaltet und bepflanzt, drei Kinder großgezogen. Ich hatte mein Leben für meine Familie gegeben.

Und so ein Verhalten hatte ich wirklich verdient?

Ich hätte ihn in diesem Moment an die Wand klatschen können, so eine Wut kochte in mir.

„So, und nun werde ich ab jetzt die Kommunikation mit dir einstellen!", das war der letzte Satz, den ich von mir gab. Nun war Schluss.

Seit einem halben Jahr rede ich kein Wort mehr mit Matthias. Nicht mal ein „Guten Morgen!" kommt über meine Lippen. Ich ignoriere ihn. Er ist für mich Luft. Ich gebe ihm keine Bühne mehr, mich verbal zu demütigen, mich zu attackieren, mir Vorwürfe zu machen, sich in den Vordergrund zu spielen, meine Antworten umzudrehen, mir ein schlechtes Gewissen zu machen, alles besser zu wissen etc.pp. Er kommt bei mir einfach nicht mehr an. Und das ist gut so. Nun habe ich endlich meine ersehnte Ruhe vor ihm. Es ist sehr viel friedlicher geworden im Haus.

Nach dem letzten verbalen Eklat brauchte ich ein Ventil, um meine aufgestaute Wut loszuwerden. Ich ging in den Wintergarten und vergiftete zwei seiner fünfzehn selbst gezogenen, geliebten Chilipflanzen mit einer Portion Salz. Das ist rachsüchtig und kindisch, ich weiß, aber es war notwendig für meine Psychohygiene. Danach ging es mir sehr viel besser.

Jeden Herbst sammle ich Hagebutten für mein Pferd. Sie werden schonend im Ofen getrocknet und dienen für die Wintermonate als Vitaminquelle. Auch diesen Herbst hatte ich schon einige Kilogramm gepflückt und sie auf zwei Backbleche verteilt. Zur gleichen Zeit begann für Matthias die Ernte seiner Chilischoten. Er hegt und pflegt die Pflanzen den ganzen Sommer über wie seinen Augapfel und steckt viel Energie in ihre Aufzucht. Er liebt unfassbar scharfe Chilis. Die meisten trocknet er, einige isst er roh. Nun hatte er die zerkleinerten Chilis auf kleine Teller verteilt und in den gemauerten Grundofen, der am Tag zuvor eingeheizt worden war, zum Trocknen gestellt. Als ich am Abend darauf den Ofen wieder einheizen wollte, nahm ich also den Teller heraus und entfachte das Feuer. Als das Feuer richtig schön brannte schrie mich mein Mann an: „Wo ist der zweite Teller?" Ich sagte ihm, ich hätte nur einen Teller gesehen, was die absolute Wahrheit war, und ihn rausgenommen. „Es waren zwei!", tobte er. Ich konnte ihm leider nicht mehr helfen, die Chilis waren verbrannt. Das tat mir leid. Mir war ein Fehler passiert. Er drehte sich um, ging in die Küche, nahm ein volles Backblech mit meinen getrockneten Hagebutten und warf alle Früchte ins Feuer.

Eine Racheaktion für einen Irrtum, den ich zu verantworten, aber nicht absichtlich herbeigeführt hatte! Welch ein Irrsinn. Er ist und bleibt ein bösartiger Mensch. Als ich in die Küche kam und das leere Backblech bemerkte, meinte Matthias äußerst sarkastisch: „Na? Vermisst du etwas?"

Derartige Bösartigkeiten haben sich in den letzten zwanzig Jahren immer stärker entwickelt. Grundsätzlich war der Charakterzug in ihm von Anfang an angelegt, aber mit dem Alter verstärkt er sich leider gewaltig.

Egozentrisch, egoistisch, bösartig, besserwisserisch, nach Aufmerksamkeit gierend, Bewunderung einfordernd, schwierig, zickig, so würde ich meinen Mann nach 28 gemeinsamen Jahren beschreiben.

Ein Narzisst eben. Niemals würde er zugeben, dass er jemals einen Fehler gemacht hat, was unsere Beziehung angeht. Er hat als Mann und Ehemann versagt.

Wie man einen männlichen Narzissten erkennt, das beschreibe ich später.

8

Der Bruch

Januar 2012:

Für Rebekka und ihre Klassenkameraden*innen fing eine aufregende Zeit an. Die Jugendlichen an der Schule für Körperbehinderte nahmen an einem Tanzkurs teil. Einmal pro Woche lernten sie die Grundschritte für Walzer, Foxtrott, Rumba, Cha-Cha, Discofox, Rock'n'Roll uvm. Der geduldige Tanzlehrer band auch die Rollstuhlfahrer*innen mit ein, sodass sie Teil der Tanzenden werden konnten. Die Stimmung war aufgekratzt und Rebekka erzählte uns jede Woche von den Fortschritten. Sie wollte ein schönes Kleid und passende Schuhe für den Abschlussball Mitte Juni kaufen. Unser Kind wird wahrscheinlich nicht viele Events in ihrem Leben haben, die so aufregend sind wie dieser Abschlussball. Es kann sein, dass es das einzige Erlebnis dieser Art bleiben wird. Ein halbes Jahr wurde dafür trainiert. Es war sehr wichtig für sie, dass alles passt und sie gut geübt ihre gelernten Tänze vorführen konnte. Ein Ballgeschenk für ihren Tanzpartner wurde besorgt und ein Friseurtermin für diesen Tag vereinbart. Alles sehr aufregend für unsere junge Dame!

Matthias, mittlerweile sehr aktiver Schwimmer im Schwimmverein, hatte uns Anfang April mitgeteilt, dass er nach den Pfingstferien bei der Weltmeisterschaft der Masters gemeldet sei. Das ist ein Schwimmwettkampf für Amateursportler in den unterschiedlichsten Altersklassen. Hunderte Schwimmer aus der ganzen Welt werden zum Start antreten. Matthias wollte einfach mal teilnehmen und, wenn es gut liefe, unter den ersten Hundert platziert sein. Der Wettkampf sollte in Rimini, Italien, stattfinden. Deshalb buchten wir für unsere Familie einen Urlaub in Norditalien für die zweite Ferienwoche. Matthias würde danach in Italien bleiben und ich mit den Kindern wieder nach Hause fahren.

Einige Wochen vorher zeigte er mir die Starts, die er anstreben würde. Am Freitag der ersten Schulwoche nach den Ferien würde er nachmittags über die 200-Meter-Distanz im Brustschwimmen starten. Doch das war just der Abend, an dem Rebekka ihren Abschlussball haben sollte! Natürlich sagte ich ihm, dass das nicht funktionieren würde, denn wir würden beide natürlich zum Abschlussball mitkommen. Da meinte Matthias nur lapidar: „Ich muss da nicht dabei sein. Da kannst du alleine hingehen. Ich bin auf die Tanzmusik sowieso nicht scharf. Ich möchte den Wettkampf am Freitag noch schwimmen. Das ist der letzte."

Ich kann niemandem erklären, wie entsetzt ich war! Unglaublich! Seine behinderte Tochter hat eine für sie sehr wichtige Veranstaltung und ihr Papa ist nicht da! Ich war fassungslos. Konnte gar keinen klaren Gedanken finden, wie ich mit ihm diskutieren sollte. Ich ließ nicht locker. Immer wieder forderte ich ihn auf, sich darüber nochmal in Ruhe Gedanken zu machen. Keine Chance! Er sträubte sich mit Haut und Haaren, auch nur mal darüber nachzudenken. „Soll sie halt nochmal einen Tanzkurs machen", das war sein Vorschlag. Ich war so wütend, dass ich anfing, mit ihm zu streiten. Da fiel der Satz, der genau seinen Charakter beschreibt: „Ich glaube, ich hab einfach keine Lust!"

Keine Lust? Keine Lust, seine behinderte Tochter zu begleiten? Keine Lust, mit mir zusammen auf den Abschlussball zu gehen? Keine Lust, seine aufgeregte, schön gekleidete, frisierte und geschminkte Tochter, mit einem Ballsträußchen im Arm, auch nur einmal in ihrem Leben zu bewundern?

Sie hätte es so gern gehabt. Es wäre so wichtig für sie gewesen. Sie tat mir so unendlich leid!

Während ich diese Zeilen schreibe, stehen mir bei der Erinnerung an diese Zeit schon wieder Tränen in den Augen. Wie schon so oft, wenn ich an diese Situation denke.

Also keine Lust! Es ging schon wieder mal nur um ihn! Er brachte nicht die Empathie auf, sich in seine Tochter auch nur ein bisschen hineinzufühlen. Welch ein unfassbarer Egoist! Er dachte – wie immer – nur an sich.

Ich sprach mit Rebekka und fragte sie, ob sie mit ihrem Papa gesprochen hätte? Ob sie ihm gesagt hätte, dass sie möchte, dass er mit zum Ball komme? Da hat sie nur müde, resigniert mit den Achseln gezuckt und traurig gesagt: „Er kommt eh nicht mit."

Mir hätte es fast das Herz zerrissen. Diesmal hatte er nicht mich angegriffen. Es ging nicht um meine Person. Es ging um unsere behinderte Tochter. Das war eine andere Ebene!

Jetzt hatte er einen Krieg angezettelt! Ich kämpfte wie eine Löwin und setzte ihm das Messer auf die Brust. Ich fragte ihn, ob 200-Meter-Brustschwimmen wirklich wichtiger wären als seine Tochter? Wenn er an diesem Abend nicht dabei sein würde, könnte er sich auf ernsthafte Schwierigkeiten mit mir einstellen.

Das Ende vom Lied war, dass Matthias am Tag des Balls nach Hause kam, am Abschlussball anwesend war, mit seiner Tochter tanzte und sie unterstützte. Ich saß natürlich den ganzen Abend am Tisch, ohne von ihm beachtet zu werden und ohne einmal getanzt zu haben. Aber das war mir egal. Es war wichtig, dass er für Rebekka da war. Sie war glücklich an diesem Abend. Das war das Wichtigste.

Es war eine wunderschöne und ergreifende Veranstaltung. Behinderte Menschen sind etwas ganz Besonderes. Sie strahlen sehr viel Liebe aus. Viele Eltern hatten Tränen in den Augen, ihre Kinder so schön und ausdrucksstark erleben zu dürfen.

Von dieser Zeit an war nichts mehr so wie früher. Ich hatte mit meinem Mann innerlich gebrochen. Es war so entsetzlich für mich, dass er sich derart egoistisch gezeigt hatte und nur durch massiven Druck meinerseits sich hatte zwingen lassen, am Ball teilzunehmen. Im Bett war mir jede Berührung zu viel. Ich konnte ihn nicht mehr neben mir ertragen. Es dauerte nicht lange, da schlief er im Gästezimmer neben seinem Tonstudio. Das war erleichternd für mich.

Seitdem wohnen wir wie in einer Wohngemeinschaft in unserem Haus.

Das funktioniert mal besser, mal schlechter. Es gibt viele Reibereien, aber wir können damit umgehen. Die Kinder hat es nie gestört. Sie haben einmal gefragt, warum Papa im Gästezimmer schlafen würde. Da hat er geantwortet: „Weil die Mami so laut schnarcht."

9

Trennung ja oder nein?

Viele meiner Freundinnen und Freunde haben mich in den letzten Jahren gefragt, warum ich meinen Mann nicht verlassen würde.

Jedes Mal habe ich Folgendes geantwortet:

Ich könnte es meinen Kindern nicht antun, sie zu velassen. Rebekka würde es das Herz brechen, wenn ich nicht mehr in unserem Haus leben würde. Denn wenn ich über eine Scheidung nachdenken würde, müsste ich das Haus verlassen. Matthias hat seinen Betrieb im Haus. Außerdem könnte ich mit meinem Gehalt die offenen Darlehen niemals bedienen. Das setzt also voraus, dass ich gehen müsste.

Aber ich liebe dieses Haus wie meine Kinder! Ich habe es geplant und gebaut, habe wahnsinnig viel Energie in die Errichtung von Haus und Gartenanlage gesteckt. Das kann ich nicht so einfach hinter mir lassen. Lieber halte ich die Verletzungen und Demütigungen, die mir mein Mann zufügt, aus.

Ich habe die letzten 28 Jahre so viel Leiden erlebt, von Matthias nichts bekommen, außer die Finanzierung eines Traums. Soll ich das jetzt auch noch aufgeben? Ich meine nicht. Ich wohne mit meinem Mann seit acht Jahren in einer Art Wohngemeinschaft zusammen. Wir haben getrennte Schlafzimmer, aber wir kümmern uns gemeinsam um die Kinder. Das funktioniert, aber leider nicht ohne Reibereien. Ich halte das aus. Es bedeutet permanenten Stress.

Viele Jahre hatte ich gehofft, dass es besser werden würde. Dass er mir mehr Zeit, Aufmerksamkeit und Zuneigung schenken würde. Wir sollten nur unsere „harte Zeit" hinter uns lassen, dann könnten wir uns Zeit und Muse für unsere Partnerschaft nehmen. Ein Pädagoge denkt immer, dass sich ein Verhalten verändern lässt, wenn die Umstände dafür passend sind. Es besteht immer Hoffnung. Aber leider muss sich die Pädagogin in mir auch eingestehen, dass sich ein Narzisst nicht ändern wird. Niemals. Es ist wie mit einer unheilbaren Krankheit. Es wird niemals besser.

Leider habe ich viel zu spät erfahren, dass es sich bei Matthias um einen Narzissten handelt. Vor ungefähr vier Jahren wurde ich damit zum ersten Mal konfrontiert. Danach begann ich zu forschen und es wurde mir immer klarer, dass der Freund, der mich darauf gestoßen hatte, recht hatte. Im folgenden Kapitel werde ich erklären, wie man einen männlichen Narzissten erkennt und welche Charakterzüge ihm zugeschrieben werden.

Heute, mitten im November in der Zeit des zweiten coronabedingten Lockdowns 2020 bekomme ich folgende Nachricht per Mail von meinem Mann:

Ich habe seit einiger Zeit in Sachen Trennung/Ehescheidung die Initiative ergriffen.

Rechtsanwalt XY berät mich und hat gute Erfahrungen mit einem zunächst gemeinsamen Gespräch.

Wenn du einverstanden bist, leite ich die Terminfindung ein.

Ein primäres Ziel dabei ist die vermögensschonende Trennung, denn das Vermögen ist nicht zuletzt auch das Erbe unserer Kinder. Daher könnte aus meiner Sicht auch Leopold sehr gerne dabei sein – ich habe aber noch nicht mit ihm gesprochen.

Denn ein weiteres wichtiges Ziel ist eine möglichst nervenschonende Abwicklung für alle Betroffenen.

Exakt vor zwei Wochen hatte er meine getrockneten Hagebutten ins Feuer geschmissen und ich hatte ihm daraufhin eine Mail geschrieben mit folgenden Worten:

Ich hab deinen Teller mit Chilis nicht absichtlich übersehen. Aber DU hast absichtlich die Hagebutten ins Feuer geworfen. Das ist der Unterschied. Aber wenn's dir guttut, na dann. Ich sammle wieder welche, kein Problem. Du kannst mich nicht mehr treffen, die Zeiten sind vorbei. Du bist und bleibst einfach ein bösartiger Mensch!

Von diesem Zeitpunkt hatte er sich also überlegt, sich von mir zu trennen. Sein tägliches Bemühen, mich in meinen wunden Punkten zu treffen und mir eins reinzuwürgen, sollten von nun an ins Leere laufen.

Damit hatte er nicht gerechnet. Er konnte mich also nur noch ein letztes Mal treffen, indem er mir die Scheidung androhte. Anfangs war ich geschockt über sein Ansinnen, aber je länger ich nachdenke, desto mehr bin ich überzeugt davon, dass er dieses Spiel nicht gewinnen kann. Natürlich möchte er wie immer als Sieger da stehen, aber es ist in den letzten 28 Jahren so viel passiert, dass es von nun an eine universelle Gerechtigkeit geben muss. Dieses Spiel kann er nicht gewinnen.

Morgen wird der Tag sein, an dem wir uns vor 28 Jahren entschieden haben, zusammen zu sein.

Auch wenn viele meiner Bekannten mir in den letzten Jahren eine Trennung von meinem Mann immer wieder empfohlen hatten, habe ich mich dagegen entschieden. Warum?

Ich lebe in meinem Haus, das ich geplant und mit meinen Händen gebaut habe. Es ist ein großes Wohlfühlhaus, auch wenn mein ärgster Feind darin wohnt. Meine Kinder leben hier, die Freunde der Kinder gehen ein und aus. Der Garten, den ich geplant, bebaut habe und seit 18 Jahren pflege. Immer wieder kommen mir fremde Menschen, die einen Spaziergang am Grundstück entlang machen, in den Garten und sprechen mich an, wie wunderschön dieser angelegt sei. Die Komplimente sind sehr schön für mich, bestätigen sie doch meine Arbeit.

Der Baugrund, den ich vor 20 Jahren ausgesucht habe, für meine Familie. Das alles kann und will ich nicht verlassen. Ich habe ein Recht, hier zu wohnen, auch wenn ich nicht glücklich bin.

Falls die Ehe geschieden werden sollte, dann müsste ich das alles verlassen, denn Matthias hat seinen Betrieb und sein schallisoliertes Tonstudio im Keller verbaut. Es ist die Basis des Hauses. Auch die finanzielle Basis. Ich könnte die großen Darlehen, die immer noch auf dem Haus und dem Grundstück lasten, nicht finanzieren, nicht einmal im Ansatz. Matthias hat immer schon sehr gut verdient. Ungefähr das Fünf- bis Siebenfache meines Lehrergehalts. Für die Finanzierung des Hauses war schon immer er zuständig. Er hat auch fast alle Darlehen auf seinen Namen abgeschlossen. Ein Darlehen, das ich abgeschlossen hatte, ist seit diesem Monat abbezahlt.

Das heißt, ab jetzt werde ich nichts mehr zur Finanzierung dieses Hauses beitragen. Das klingt hart, aber das Einzige, was ich von meinem Mann noch erwarten kann, ist Geld, denn als Ehemann hat er versagt. Er hat mir in unserem nun 28-jährigem Zusammensein so unfassbar wenig geben können, zu wenig Emotionalität, zu wenig Achtung, zu wenig Herz, viel zu wenig Liebe, viel zu wenig Zweisamkeit, viel zu wenig Respekt, viel zu wenig Zeit. Das Einzige, was von meiner Seite von ihm zu haben ist, ist die Finanzierung unseres Hauses. Und das erwarte ich. Wenigstens das.

Würde ich einer Scheidung zustimmen, müsste ich alles verlassen: die Kinder, das Haus, den Garten, meine mir wichtigen sozialen Kontakte usw. Meine Situation würde sich schlagartig verschlechtern. Ich könnte den aufgebauten Lebensstandard nicht halten.

Wieso also sollte ich das wollen? Ich habe in den letzten zwei Jahrzehnten so sehr gelitten, dass ich mich jetzt nicht auch noch verschlechtern werde. Gäbe es eine Gerechtigkeit, müsste ER sich verschlechtern, nicht ich!

Vielleicht wäre ich glücklicher, das stimmt. Dann wären endlich die täglichen Spannungen Schnee von gestern und ich könnte mich wieder den schönen Dingen des Lebens zuwenden. Dieser tägliche Kampf gegen den Feind in meinem Haus macht mich mürbe und müde. Ein Wunder, dass meine Gesundheit immer noch äußerst stabil ist. Eigentlich müsste sie schon lange angeschlagen sein.

Ich werde einen Ausweg finden müssen, aber momentan ist es noch nicht der richtige Augenblick, sich zurückzuziehen. Ich hätte gern eine Lösung. Ich warte.

Was ist aus seinem Versprechen geworden, das er bei unserer Hochzeit gegeben hatte, mich „zu lieben, zu achten und zu ehren"?

Keines von den dreien hat er jemals eingelöst. Dabei hätte mir die Achtung schon gereicht. Nicht einmal das konnte er tun. Schade.

10

Pathologie eines Narzissten

Wie erkennt man einen Narzissten? Mir ist leider viel zu spät klar geworden, dass ich mit einem bösartigen Narzissten verheiratet bin. Hätte ich etwas ändern können? Leider nein. Narzissten kann man nicht ändern. Das sagen sowohl Psychologen als auch Psychotherapeuten. Denn ein Narzisst erkennt nicht, dass er ein Narzisst ist. Wenn jemand wirklich sein Herz öffnen kann und erkennt, wieviel Leid er in eine Beziehung gebracht hat, dann ist Heilung für die Seele des Partners möglich. Dazu gehört aber auch eine aus tiefster Überzeugung kommende Entschuldigung.

Da ich mich in den letzten fünf Jahren sehr viel mit dem Thema beschäftigt habe, möchte ich in diesem Kapitel die Wissenschaft zur Hilfe nehmen, um darzustellen, wie man einen Narzissten erkennen kann.

In erster Linie möchte ich Univ.-Doz.Dr.med.Dr.scient. Raphael M. Bonelli anführen, einen österreichischen Neurowissenschaftler, Psychiater und Psychotherapeut. Er arbeitet als Psychiater und systemischer Psychotherapeut in Wien und hat diverse Publikationen über Perfektionismus und Narzissmus verfasst.

Sein Buch „Männlicher Narzissmus: Das Drama der Liebe, die um sich selbst kreist", erschienen 2016, verwende ich als Grundlage meiner Forschung über das Thema. Erweitert wird dies durch zahlreiche Vorträge und Seminare, die sich mit dem Thema Narzissmus beschäftigen. Eine Zusammenfassung meiner Recherche erfolgt in diesem Kapitel.

Zitate aus Bonellis Buch sind in Kursivschrift abgedruckt und im Quellenverzeichnis angegeben.

Jeder Mann trägt narzisstische Anteile in sich. Der eine mehr, der andere weniger. Wahrnehmbar an einer unbändigen Freude an sich selbst.[1]

Im Gegensatz zu einem Perfektionisten kreist der Narzisst nicht angstvoll um sich selbst – sondern er kreist verliebt um sich selbst. Der narzisstische Mann ist völlig davon überzeugt, dass er etwas Besonderes ist und dass es deswegen auch ganz natürlich, legitim und stimmig ist, wenn ihn andere lieben, wertschätzen – und bewundern. Der männliche Narzisst hat kein Problem mit der Angst. Dafür hat er ein größeres Problem mit der Liebe.[2] Es ist ein Mann, der von den Fesseln des Narzissmus an sich selbst gebunden ist. Er liebt, aber leider als Rohrkrepierer: Er kommt über sich selbst nicht hinaus.

Schon im griechischen Mythos ist der begehrte Jüngling Narziss daran zugrunde gegangen, dass er als Mann die weibliche Liebe nicht erwidern konnte, sondern sich selbst – beziehungsweise sein Spiegelbild – zum Objekt seiner Liebe erwählt hatte.[3]

In dieser Beschreibung finde ich meinen Mann wieder. Jedes Mal, wenn ich mich um ihn gekümmert habe, wenn ich etwas für ihn getan habe, hatte er mir gesagt, ich müsse das nicht tun. Ich solle das lassen. Aber ich tat es immer gern und wenn man eine Familie hat, ist man gegenseitig füreinander da und hilft sich. So sehe ich das. Ich hatte das Gefühl, ihm sei es fast peinlich, dass ich ihn unterstützt habe. Ich wollte ihm doch nur eine Freude machen. Er hat es nicht verstanden. Es wäre so schön gewesen, wenn er es einfach genossen hätte. Er konnte es nicht. Schade. Ich war oftmals frustriert.

Viele Male habe ich mich gefragt, ob das Verhalten meines Mannes angeboren oder erworben sei. Diesbezüglich erwähnt Raphael Bonelli die These von C. Robert Cloninger, einem amerikanischen Psychiater und Genetiker, dass *narzisstische Verhaltensweisen mit dem erworbenen „Charakter" zusammenhängen und weniger mit dem angeborenen „Temperament". Man wird also nicht als Narzisst geboren, sondern dazu gemacht.[4]*
Bonelli beschreibt die *Drei narzisstischen Fesseln* folgendermaßen:

Narzissmus hat in allen drei Dimensionen des Charakters erhebliche Defizite: die Selbstidealisierung, die Abwertung der anderen und die völlige Unfähigkeit zur Selbsttranszendenz.[5]

Diese drei Stricke fesseln den Narzissten an sich selbst. Die erste Fessel, die Selbstidealisierung, ist eine pfauenartige Selbsterhöhung, die sich aus einer gesteigerten Selbstliebe entwickelt und klinisch in einem überzogenen Selbstwertgefühl wahrnehmbar wird. In der Fachliteratur ist häufig vom „grandiosen Selbstbild" oder „Grandiosität" die Rede: der Narzisst blendet alles Nichtgrandiose an sich selbst aus, weil nicht sein kann, was nicht sein darf. Dazu gehören vor allem persönliches Scheitern, seine Fehler und Schuld. Weil er aber das Negative ausblendet, neigt er zur Beratungsresistenz.[6]

Dieser Satz beschreibt meinen Mann im Kern. Niemals würde er ehrlich seine Schuld eingestehen, auch wenn sein Fehler noch so groß wäre! Ich spreche von einer ehrlichen Entschuldigung und nicht von theatralisch geäußerten Schuldbekenntnissen oder einem unglaubwürdigem „Ich, weiß, ich bin wieder mal schuld. Was willst du denn noch hören? Ich hab doch schon gesagt, dass ich schuld bin!"

Die zweite Fessel, die Abwertung der anderen, folgt aus der ersten Fessel. Abgewertet wird jeder, aber besonders jemand, der an der Grandiosität kratzen könnte.[6]

Genau das ist es, was ich 28 Jahre lang erlebt habe und erleiden musste. Da ich an Matthias' Grandiosität des Öfteren gekratzt und seine Worte und Taten infrage gestellt habe, hat er mich insgeheim zu seiner persönlichen Feindin erklärt. Und somit hatte er nichts unversucht gelassen, mich zu demütigen und mir zu zeigen, dass ich ihm selbstverständlich nicht ebenbürtig sei.

Der Narzisst sieht sich letztlich nicht auf gleicher Augenhöhe mit seinem Nächsten. Er nimmt die bedingungslose Liebe, die Menschen ihm schenken, als selbstverständlich – ohne dass er den Impuls verspürt, die Liebe zu erwidern.

Die dritte Fessel knüpft sich aus den ersten beiden: Die Asymmetrie zwischen sich selbst und dem Du ist das Markenzeichen des Narzissten, das Selbsttranszendenz unmöglich macht. Man könnte das Selbstimmanenz nennen: der Mensch bleibt in sich selbst stecken. Er bleibt in sich, dreht sich nur um sich selbst, ist unfähig oder unwillig, über den eigenen Tellerrand hinauszublicken und etwa die klassischen Transzendentalen wie das Schöne, Wahre und Gute wahrzunehmen.

Die narzisstische Trias – Selbstidealisierung, Fremdabwertung und Selbstimmanenz – bremst den Mann aus und verhindert seine menschliche Entfaltung.[6]

Menschliche Entfaltung, die hat mein Mann wirklich nicht durchgemacht. Es ist einfach unmenschlich, sich über andere zu erhöhen und auf sie herabzusehen. Sie permanent zu erinnern, dass sie weniger wissen, können, also weniger wert sind. Dieses Verhalten ist asozial.

Die amerikanische psychiatrische Klassifikation (Diagnostic and Statistical Manual of Mental Disorders. Fifth Edition) aus dem Jahr 2013 weist die narzisstische Persönlichkeitsstörung mit neun verschiedenen Symptomen aus. Sie sind international gebräuchlich, praxisnah und phänomenologisch angelegt und geben einen sehr guten Überblick.[7]

Neun verschiedene Diagnosepunkte der narzisstischen Persönlichkeitsstörung nach DSM-5:

1. *Hat ein grandioses Verständnis der eigenen Wichtigkeit (übertreibt etwa Leistungen und Talente, erwartet, ohne entsprechende Leistungen als überlegen anerkannt zu werden).*
2. *Ist stark eingenommen von Fantasien grenzenlosen Erfolgs, Macht, Brillanz, Schönheit und idealer Liebe.*
3. *Glaubt von sich, „besonders", und einzigartig zu sein und nur von anderen besonderen oder hochgestellten Menschen (oder Institutionen) verstanden zu werden oder mit diesen verkehren zu müssen.*

4. Benötigt exzessive Bewunderung.
5. Legt ein Anspruchsdenken an den Tag, das heißt, hat übertriebene Erwartungen auf eine besonders günstige Behandlung oder automatisches Eingehen auf die eigenen Erwartungen.
6. Ist in zwischenmenschlichen Beziehungen ausbeuterisch, das heißt, zieht Nutzen aus anderen, um eigene Ziele zu erreichen.
7. Zeigt einen Mangel an Empathie: ist nicht bereit, die Gefühle oder Bedürfnisse anderer zu erkennen/anzuerkennen oder sich mit ihnen zu identifizieren.
8. Ist häufig neidisch auf andere oder glaubt, andere seien neidisch auf ihn.
9. Zeigt arrogante, hochmütige Verhaltensweisen oder Ansichten.[8]

Für eine Diagnosestellung einer „narzisstischen Persönlichkeitsstörung" benötigt man nur fünf zutreffende Punkte.[9]

Die Punkte 1, 3, 4, 7 und 9 treffen uneingeschränkt auf meinen Mann zu.

Die Erkenntnis, dass ich mit einem Narzissten verheiratet bin, war sehr erleichternd für mich.

Wo der Narzissmus meines Mannes seinen Ursprung hat, darüber habe ich mir jahrelang Gedanken gemacht. Wie R. Bonelli es beschreibt, hat der Narzissmus seinen Ursprung in der Kindheit und im Jugendalter. Das hatte ich schon vermutet.

So trägt es eben auch zum Narzissmus bei, wenn man ständig gesagt bekommt, wie toll, schön und fehlerlos man ist. Irgendwann glaubt man es. Schlimm ist, wenn dieses Trommelfeuer von frühester Jugend an von den eigenen Eltern kommt. Aber diese giftige Indoktrination können auch der Fanclub, die speichelleckenden Untergebenen oder die Ehefrau besorgen. Selig, wer noch kritisches Feedback bekommt – und es auch zulässt.[10]

Natürlich ist Matthias von frühester Kindheit an vor allem von seiner Mutter dafür gelobt worden, dass er ein charmanter „Sunnyboy" war und ganz besonders kluge Kommentare von sich gab. Die Großeltern waren hingerissen von so viel (Alt-)Klugheit ihres ersten Enkelsohns, die er damals schon besessen hatte. Dadurch verstärkte sich dieses Verhalten ganz von selbst. Fanclub und Untergebene waren später seine Kunden, seine Mitarbeiter in der Werbeagentur und die Ansprechpartner in den Radiostationen und externen Tonstudios. Alle waren begeistert von seiner Kreativität und Spontanität – oder sie taten wenigstens so. Kritisches Feedback bekam er meistens nur von mir, das er aber nie zugelassen hat. Dadurch wurde ich zu einer Art Feindbild für ihn. Die Einzige, die – wie er es nannte – „immer etwas zu meckern" hatte, war ich. Dabei war ich nur ein kritischer Mensch, der ab und zu Matthias' Halbwahrheiten, die er vom Stapel ließ, hinterfragte oder ihm sogar das Gegenteil bewies. Dadurch wurde er für mich mit den Jahren immer unglaubwürdiger. Den Besserwisser akzeptierte ich schon bald nicht mehr. Das „Gscheithaferl-Image" bröckelte gewaltig. Damit wurde ich für ihn eine „persona non grata".

Ich war einfach zu unbequem. Er begann, mich immer mehr zu bekämpfen.

Unter der Unterschrift „Die Egozentrik des Herzens" schreibt R. Bonelli Folgendes:

Die Metapher des Herzens steht für die oberste Instanz: die Entscheidungsmitte des Menschen. Hier ist das Zentrum der menschlichen Freiheit. Das Herz impliziert den Willen, das Gewissen, die Liebesfähigkeit und ist auch der Ort der Selbsttranszendenz: Man liebt und betet mit dem Herzen. Es regiert im Normalzustand Bauch und Kopf. Das Herz macht den Mann aus, denn es prägt seine Handlungen. Das Herz klopft sowohl Bauchgefühle wie auch Kopfideen auf die ethische Dimension ab.

Während der Bauch nach dem einfachen Prinzip der Lustmaximierung und Unlustvermeidung tickt und der Kopf in den Dimensionen von Logik und Nützlichkeit denkt, misst das Herz seine Optionen auf Gut und Böse aus. Das Herz ist also der Ort der per-

sönlichen Entscheidung, der großherzigen Selbstlosigkeit wie der kleinherzigen Rücksichtslosigkeit. Das Herz des Narzissten blickt verliebt und entzückt in den Spiegel. Die Kraft seiner Liebesfähigkeit isoliert sich in sich selbst und sein Wille wendet sich der eigenen Person zu. Seine Beziehungsfähigkeit, seine Fähigkeit zur Selbsttranszendenz und sein Gewissen werden dem geopfert.

Der Narzissmus nistet sich in der Schaltzentrale, in der Entscheidungsmitte des Menschen ein und verkrümmt das Herz. Diese Herzensverkrümmung hat unmittelbare Auswirkungen auf den Kopf. Jetzt wird die Grundannahme ausgerufen: „Ich zähle mehr als die anderen", und die Wahrnehmung entsprechend selektiert. Das Herz legt fest, dass die Stärken bejubelt und die Schwächen verschwiegen werden sollen. Der Kopf setzt das unkritisch um: Er deutet die Wirklichkeit im Sinne der narzisstischen Vorgabe. Deswegen hat es auch keinen Sinn, dem Narzissten vernünftig zu kommen, solange sein Herz verkrümmt ist. Ein narzisstisches Herz hat so automatisch narzisstisches Denken zur Folge. Diese Herzensverkrümmung hat auch unmittelbare Auswirkungen auf den Bauch. Für ihn bedeutet das eine immense Aufwertung: Die Lustmaximierung wird großgeschrieben. Ein narzisstisches Herz hat narzisstisches Fühlen zur Folge. Irgendwo schleicht sich der Narzissmus ein: manchmal durch den Bauch, meistens durch den Kopf. Immer heftet er sich in der Folge im Herzen fest. Am Ende ist der ganze Mensch mit Haut und Haar, mit Kopf, Herz und Bauch narzisstisch: Er denkt narzisstisch, fühlt narzisstisch und entscheidet narzisstisch.[11]

„Lustmaximierung" – ein wunderbares Wort, das auf meinen Mann voll zutrifft. Er macht ausschließlich das, wozu er Lust hat. Das wiederum verkauft er anderen als große Tat, für die er ausgiebig gelobt und bewundert werden will. Seine Aussage bezogen auf die wünschenswerte Teilnahme an Rebekkas Abschlussball „Ich glaube, ich hab einfach keine Lust" gilt hier besonders als Beweis dafür.

*Der schweizerische Entwicklungspsychologe Jean Piaget verwendet
den Begriff „Egozentrismus der Wahrnehmung" als Übergangssta-
dium der Entwicklung des Kindes. Damit beschreibt er die Unfähigkeit, sich in die Rolle eines anderen hineinzuversetzen, beziehungsweise die Perspektive eines anderen anzunehmen, sowie die eigene
Sichtweise als eine unter mehreren aufzufassen. Er definiert sie als
„einen Mangel an Unterscheidung zwischen dem Ich und der äußeren Realität". Diese Vermischung „führt schließlich zur Vorrangstel-
lung des eigenen Standpunktes". Aufgabe der Erziehung ist, dieses
Stadium im Rahmen der menschlichen Reifung zu überwinden. Bei
unreifen Menschen und mangelhafter Erziehung kann dieses Stadium allerdings permanent werden.* [12]

*Siegmund Freud unterschied den „primären Narzissmus" beim Säug-
ling von einem „sekundären Narzissmus" des Erwachsenen, der definitiv pathologisch, gesellschaftsschädlich und therapiewürdig ist. Er
sieht eine natürliche Tendenz des heranwachsenden und erwachsenen Menschen, in den sekundären, pathologischen Narzissmus hin-
einzukippen. Dabei zieht der Mensch seine sexuelle Energie von äußeren Objekten (also von anderen Menschen) wieder ab und richtet
die Libido erneut auf sich selbst. Anders ausgedrückt: Freud sieht im
Narzissmus in Eigenliebe umgelenkte Libido, die mit dem Verlust der
Liebesfähigkeit zu anderen Menschen einhergeht.* [13]

Eine Arbeitskollegin, die meinen Mann und seine Entwicklung
kennt, bezeichnete ihn vor einigen Jahren als „wahrscheinlich
asexuell". Das stimmt tatsächlich. Matthias hat kein sexuelles
Verlangen – weder nach mir noch nach einer anderen Frau. Libido? Fehlanzeige. Manchmal hatte ich mir schon gedacht, er
sei schwul geworden. Das wäre für mich persönlich kein großes
Drama, würde aber so manche seiner Charaktereigenschaften
erklären. Matthias ist auch überhaupt nicht eifersüchtig. Es ist
ihm schlicht egal, was ich tue oder nicht. Egal, ob, wie lange und
wohin ich alleine in Urlaub fahre. Egal wer mich begleitet oder
wen ich kennenlernen könnte. Er fragt niemals nach. Wenn ich
nach zwei oder drei Wochen von der Reise zurückkomme, er-

zählt ER erst mal, was er in der Zeit alles gemacht hat und wie fleißig er war. An meinen Reisegeschichten und wie es mir ergangen ist, ist er überhaupt nicht interessiert. Möchte ich ihm die Fotos der Reise zeigen, hat er wieder mal „keine Zeit".

Nochmal der Blick zurück in Matthias´ Kindheit. Die narzisstische Störung beginnt in der Adoleszenz, also mit etwa 15 Jahren. Raphael Bonelli zitiert den Psychologen Eddy Brummelman, der eine Studie über „inflating praise" und „personal praise", das überhöhte, aufgeblähte und personenzentrierte Loben in der Kindheit im Zusammenhang mit der Ausbildung der Selbstsicherheit durchgeführt hat.

Selbstsicherheit ist bei einem Kind eine befremdliche Eigenschaft. Das gesunde Kind ist ein lernendes, kein lehrendes, ein bewunderndes, kein bewundertes. Die Realität des Kindes ist es, belehrt zu werden oder ungebildet zu bleiben, korrigiert zu werden oder ohne Kultur zu enden. Selbstsichere Kinder benötigen – genauso wie die unsicheren – einen aufrichtigen, echten authentischen und lebendigen Umgang, keinen pseudopädagogischen, theoriegetriebenen und aufgesetzten. Sie brauchen eine Erdung in der Realität. Eine realistische Selbsteinschätzung ist ein zentraler Faktor für ein geglücktes Leben.

Ein überhöhtes Selbstwertgefühl läuft auf Selbstbetrug hinaus und hat wenig mit der wirklichen Leistungsfähigkeit zu tun. Die Höhe des Selbstwertgefühls hat keinen Wert an sich, sondern dieser bemisst sich ausschließlich an der Realität: Psychische Gesundheit besteht darin, dass das Selbstbild der Wirklichkeit entspricht.[14]

Das Brummelman-Team entwickelte im Jahr 2015 das brillante Konzept der „parental overvaluation", also der „Überbewertung, Über-Wertschätzung" oder eben „Überschätzung des Kindes durch die Eltern". Ergebnis des spezifischen Fragebogens: Die überbewertenden Eltern sind der Meinung, ihr Sprössling sei außergewöhnlich, herausragend und bedürfe einer besonderen, bevorzugten Behandlung. Aber sie irren sich:

Dies Eltern schätzen das Wissen und die Intelligenz ihres Kindes nachweislich falsch ein. Die Kinder solcher Eltern sind keinesfalls intelligenter oder leistungsstärker als andere Kinder. Es ist das Lob (60 %

mehr als bei normalen Eltern), das den Kindern vermittelt, dass sie besser sind als andere – das ist der Kern der Überbewertung und kann zur Entstehung des Narzissmus beitragen. Die Überzeugung, dass das eigene Kind superspeziell ist, geht Hand in Hand mit exzessivem Lob. Problematisch wird es, wenn man beginnt zu glauben, dass das eigene Kind spezieller ist als die anderen Kinder, dass das eigene Kind höher steht als die anderen. Der Komparativ ist das Problem, der ständige Vergleich, der permanente Wettkampf. Die Forscher um Brummelman beweisen mit naturwissenschaftlichen Methoden den Zusammenhang zwischen der „parental overvaluation" und der Entwicklung des kindlichen Narzissmus. Die Eltern sehen „ihr Kind als Geschenk Gottes an die Menschheit und denken, dass ihr Kind der speziellste und der zu bevorzugendste Mensch auf dem Planeten ist".[15]

Wenn die Eltern ihre Kinder mit Lob überschütten und bewundernd um sie herumtanzen, dann erwarten selbstsichere Kinder in ihrer „vitalen Stärke" ganz im Sinne des „Stars" auch von anderen eine bewundernde Unterwerfung.[16]

Alle Inflating-Prays Eltern überschätzen ihre Kinder! Nach einiger Zeit folgt das Kind den Eltern in deren Urteil und überschätzt sich selbst. Und so kommt es zum Narzissten. Das Selbstwertgefühl eines Menschen kann Gift sein, wenn es nicht auf der Realität fußt. Viele Narzissten scheitern, weil sie sich überschätzen. Andere Narzissten scheitern nicht, weil sie gut bluffen können und viele Leute ihnen glauben.

Zu viel Lob schafft Pathologie!

Was Eltern ihren Kindern mitgeben müssen, ist eine gute und gesunde Selbsteinschätzung. Und das funktioniert nur, wenn wir uns als Eltern auch selber gut einschätzen können. Wir müssen alle lernen, uns richtig einzuschätzen!

Der Philosoph Josef Pieper: „Demut ist, sich selbst zu sehen, wie es der Wirklichkeit entspricht."

Welche Eltern treiben ihr Kind in den Narzissmus?

Die erste Problemzone befindet sich im Kopf: Es sind falsche Grundannahmen der Eltern. Einerseits die Ideologie, dass man ein

Kind nie genug loben kann, die aber ein Irrtum mit fatalen Folgen ist. Andererseits der Denkfehler, dass ein junger Mann mit enormem Selbstwertgefühl automatisch rücksichtsvoll und respektvoll mit seinen Mitmenschen umgeht. Diese beiden Irrtümer haben Unmengen an Narzissten hervorgebracht.

Die zweite Problemzone befindet sich im Bauch: Es ist die Angst der Eltern. Angst ist der Motor des Perfektionismus. Perfektionistische Eltern haben das Gefühl, versagt zu haben, wenn ihre Kinder nicht außergewöhnlich sind. Perfektionistische Eltern brauchen es, dass ihre Kinder perfekt sind – nur dann haben sie (die Eltern) bestanden, nur dann haben sie selbst keinen Fehler gemacht. Und darum geht es ihnen.

Die dritte Problemzone findet sich im Herzen: es ist der Narzissmus der Eltern. Narzisstische Eltern ticken bedeutend einfacher als perfektionistische: Sie haben herausragende Kinder, weil es diese Kinder vor allem auszeichnet, IHRE Kinder zu sein. Punkt.

Ideologen, Perfektionisten und Narzissten produzieren also in der Erziehung Narzissten. In allen Fällen kommt es zur Überbewertung. Eltern, die überbewerten überschätzen die Fähigkeiten ihrer Kinder, sie glauben, sie seien klüger als andere Kinder und gestehen ihrem Kind zu (Ideologen), gehen davon aus (Narzissten) beziehungsweise wünschen sich ängstlich-verkrampft (Perfektionisten), dass ihre Kinder aus der Masse herausstechen. Dieses Denkmuster, Bauchgefühl und Herzenshaltung übernehmen die Kinder.

Gesunde Erziehung bedeutet:

1. Dimension der Selbstkontrolle: sich selbst und das Kind so zu sehen, wie es der Wirklichkeit entspricht. Das bedeutet, das Selbstbewusstsein des Kindes nicht unnatürlich aufzublasen, es nicht über den Klee zu loben, sondern ihm Bodenhaftung und einen gesunden Realitätssinn beizubringen.

2. Dimension der Kooperationsfähigkeit: Das bedeutet, dem Kind vorzuleben und es erleben zu lassen, was menschliche Liebe ist und was die Beziehungsfähigkeit ausmacht.

3. *Dimension der Selbsttranszendenz: Das bedeutet, dem Kind all-*
   gemeingültige Werte zu vermitteln, nach denen es sich orientie-
   ren kann und die es für seine Selbsteinschätzung als Orientie-
   rungspunkt verwenden kann.

Das Kind braucht Selbstkontrolle, Kooperationsfähigkeit und Selbst-
transzendenz, um glücklich zu werden. Und um gesund zu bleiben.[17]

Leider haben meine Schwiegereltern in der Erziehung ihres
Sohnes zu einem psychisch gesunden Menschen in allen drei
Punkten versagt. Matthias kann sich auch im Erwachsenenal-
ter weder realistisch einschätzen, noch ist er beziehungs- oder
zumindest teamfähig. Obwohl meine Schwiegermutter, von Beruf Katechetin in der evangelischen Kirche, den Glauben schon
immer sehr ernst genommen hat, hat sie es nicht geschafft, ihrem Sohn moralisch gesunde Verhaltensweisen zu vermitteln.
Er trampelt auf anderen Menschen herum und wenn man ihm
sagt, dass man derart nicht mit anderen umgehen könne, fragt
er: „Wer bist du denn, die du hier die Moral aufstellst?" Selbsttranszendenz? Totale Fehlanzeige!

Betrachten wir nun die Diagnosepunkte 1,3,4,7 und 9 der DSM-5,
die definitiv auf meinen Mann zutreffen, etwas genauer:

Überzogenes Selbstwertgefühl:
   Sprechen wir über Grandiosität, grenzenlose Größenfantasien
und vermeintliche Einzigartigkeit. Die Selbstidealisierung ist eine
pfauenartige Selbsterhöhung, die sich aus einer gesteigerten Selbst-
liebe entwickelt und für andere in einem überzogenen Selbstwertge-
fühl wahrnehmbar ist. Robert Cloninger destilliert drei Eigenschaften
wissenschaftlich heraus, die den Menschen zu dem machen, was er
ist: Selbstkontrolle, Kooperationsfähigkeit und Selbsttranszendenz.
Er nennt es die „Drei Dimensionen des Charakters". Die menschliche
Selbstkontrolle beim gesunden Erwachsenen entspringt einer inne-
ren Ordnung und agiert „verlässlich" und „sachlich" im Gegensatz zu
„fremdbeschuldigend" und „egozentrisch". Die erste Fessel, die einen

Narzissten an sich selbst bindet, ist damit ein Mangel an Selbstkontrolle und an innerer Ordnung. Der Narzisst ist (selbst)verliebt. Und wie jeder Verliebte überschätzt er den Geliebten und dessen Eigenschaften, Vorzüge, Talente, Leistungen und ebenso dessen Wichtigkeit. Psychologisch gesehen führt Verliebtheit immer zu Idealisierung, während die reife Liebe Selbsthingabe an ein Gegenüber ist. Leider ist der Narzisst selbst der Gegenstand seiner Verliebtheit – das macht das Ganze traurig, unfruchtbar und einsam. In der Hierarchie der Wertigkeiten stellt er seine Person an die Spitze – was Ausdruck einer inneren Unordnung ist. Der Narzisst hat nur Augen für sich selbst. Alles und jedes, was keinen Teil der eigenen Person bildet oder nicht Gegenstand der eigenen Bedürfnisse ist, interessiert nicht, besitzt keine volle Realität. Der Narzisst hat ein grandioses Verständnis der eigenen Wichtigkeit. Aus diesem Irrtum wachsen alle anderen Symptome. Er sieht sich als herausragend aus der Masse, empfindet sich als wesentlich mehr wert denn alle anderen und entwickelt das charakteristische überzogene Selbstwertgefühl. Im DSM-Jargon heißt das: „Er übertreibt Leistungen und Talente und erwartet, ohne entsprechende Leistungen als überlegen anerkannt zu werden". Alle sehen ihn, alle nehmen seine Überlegenheit wahr, alle respektieren seine Großartigkeit. So stellt er sich das vor. Er blendet alles Nichtgrandiose und Durchschnittliche an sich selbst aus, weil nicht sein kann, was nicht sein darf. Dazu gehören vor allem persönliches Scheitern, eigene Fehler und Schuld. Weil er aber das Negative ausblendet, neigt er zur Beratungsresistenz.[18]

Das ist der Punkt, warum Matthias nie etwas von mir angenommen hatte. Keinen Vorschlag, nicht die leiseste Kritik, absolut gar nichts.

Er hatte sich immer über alles hinweggesetzt. Alles prallte an ihm ab.

Ich lief ins Leere.

Wenn wir mit der psychotherapeutischen Lupe hinsehen, so übertreibt der Narzisst seine Leistungen und Vorzüge genau aus diesem Grund: weil es diese Leistungen auszeichnet, dass sie eben von ihm erbracht wurden und nicht von jemand Unbedeutendem. Da er selbst unvergleichlich ist, sind seine Leistungen es auch. Deswegen ist auch sein Stammlokal super, sein Dorf das einzig wahre, sein Fußballclub großartig und seine Bank die allein richtige. Jeder, der es anders macht, macht es natürlich falsch.

Exakt diese Beschreibung trifft zum Beispiel auf die bereits beschriebene Geschichte mit dem Radiosender zu. Wie kann ich denn nur B 5 aktuell hören wollen, wenn doch „sein" Deutschlandfunk so viel besser ist?

Auch die Geschichte mit „seinen" Restaurants ist charakteristisch.

Die waren natürlich alle supertoll und keiner sollte etwas auszusetzen haben. Wer Kritik übte, wurde zum Feind erklärt. Diesen Schuh hatte ich mir schon lange angezogen. Seit ich sein schäbiges Verhalten kritisierte, sah er mich als seine persönliche Feindin an. Da ich aber ein recht kämpferischer Mensch bin, habe ich ihm, so gut es ging, Paroli geboten. Mit viel Energie!

Wie Siegmund Freud schon vor hundert Jahren wusste: Der Narzisst konstruiert sich selbst in einem Bild, das den Boden der Realität verlassen hat. Er ist nicht geerdet, ein machtvoller Manipulator der Wirklichkeitsinterpretation. Er übertreibt aus einer inneren Logik seine Vorzüge und verwischt seine Defizite. Der Narzisst lebt oft in einer Traumwelt. Einerseits, weil er die unerfreuliche Realität ausblendet, und andererseits, weil er mithilfe der Fantasie die Realität dort verbessert, wo sie noch nicht seinen Vorstellungen entspricht.[19]

Wir waren noch nicht lange verheiratet, als Matthias mich eines Tages mit der Idee überraschte, dass er spätestens im Alter von 35 Jahren zum Arbeiten aufhören würde. Ich konnte nichts als meine Skepsis entgegensetzen, so überzeugend war mein Mann. In circa fünf Jahren würde er also aufhören zu arbeiten. Ein toller Plan! Hat nicht funktioniert. Heute, nach 27 Ehejahren arbeitet er immer noch Tag und Nacht. Ein Ende ist nicht in Sicht.

Narzissten haben aufgrund ihres a priori vorhandenen grandiosen Selbstwertgefühls eine eigene Wirklichkeit – mit sich selbst als Nabel der Welt. Sie können gut die Welt erklären. Erst nach und nach kommt man dahinter, dass die Dinge vielleicht doch ein wenig anders liegen könnten. Der Narzisst erschafft sich seine Welt nach seinem Kopf. Er hat eine erstaunliche kognitive Kraft, die Welt seiner Wahrnehmungen zu beugen und sein Gedächtnis samt Interpretation umzubiegen. Zusammenhänge und Kausalitäten werden durchaus fantasievoll bis fantastisch konstruiert und mitunter brillant rhetorisch verpackt.[20]

Genau deshalb habe ich mich so oft gefragt, warum bei Matthias der gesunde Menschenverstand bei so vielen Dingen versagt! Ich kann gar nicht so verquer denken, um auf die Schlussfolgerungen meines Mannes kommen zu können. Dabei bin ich durchaus ein kreativer Mensch. Ich habe in den letzten 28 Jahren so viele absurde Ideen, Vorstellungen und Zusammenhänge hören müssen, dass ich jedes Mal innerlich meine Augen zur Decke gedreht und den Kopf schütteln musste. So viel Irrsinn in all den Jahren! Unfassbar.

Für einen Narzissten muss alles genauso laufen, wie er sich das vorstellt: grenzenloser Erfolg, irre Macht, totale Brillanz, blendende Schönheit und natürlich auch die ideale Liebe. Geschieht das nicht, wird das als persönliche Kränkung empfunden – und den anderen die Schuld gegeben. Er erwartet von der Umwelt, dass sie sein Selbstbild übernimmt. Stellt man ihn infrage, wird er aggressiv. Nicht, weil er etwa unsicher wäre, sondern weil er die Infragestellung als Affront sieht.[21]

Das konnte man wiederum gut beobachten bei der Geschichte mit den abgeschnittenen Rosenköpfen im Sommer 2020. Da ich sein Handeln, die Rosen in voller Blüte abgeschnitten zu haben, kritisierte, hat er blitzschnell mit voller Wucht ausgeholt und mir verbal einen Fausthieb verpasst. Aggressiver geht es gar nicht mehr. Es steht in keinem Verhältnis mit meiner Kritik an seinem Tun. Es ist völlig „over the top". Ein normaler Mensch hätte mir sein Handeln erklärt oder versucht, Verständnis dafür zu erlangen. Mein Mann nimmt die Kritik und schleudert sie mir hundertfach zurück.

Ein Narzisst, den man kritisiert, wird den Vorwurf abstreiten und seinen Fehler leugnen. Außerdem lehnt er die Verantwortung für Dinge, die schiefgehen, ab und weist anderen die Schuld zu.

Sogar negative Aufmerksamkeit, die er durch Auseinandersetzungen erhält, ist für meinen Mann begehrte narzisstische Zufuhr. Er kann nicht genug davon bekommen.

So gelange ich zur Erkenntnis: Mein Mann hat mit einem normalen Mann nichts zu tun. Die Frage ist doch: Wann hört eine Persönlichkeitsstörung auf und wann fängt eine psychische Krankheit an? Die Grenzen sind fließend.

Der Narzisst ist spontan, glaubwürdig, echt und authentisch. Wenn er doziert, bringt sich der Narzisst selbst gern als lehrreiches Beispiel für ein geglücktes Leben. Das kommt aus seinem Inneren: Er ist das „Soll" für die anderen, der Maßstab, das Vorbild. Es gibt über dem Narzissten kein „Soll", schon gar kein perfektionistisches, stresserzeugendes „Muss". Er spürt deswegen keinen Druck. Das Ideal muss sich an ihm messen, nicht umgekehrt. Für ihn ist ein Ideal im Gegensatz zu seinem Leben einfach nichts wert, kein wirkliches Ideal. Wäre der Narzisst wirklich von Ängsten geplagt und von Minderwertigkeitsgefühlen zerfressen, hätte er er kein Charisma und könnte den Charme des Psychopathen nicht ausspielen, den man ihm zu Recht nachsagt. Im Gegensatz zu Perfektionisten ist der Narzisst souverän.[22]

Selbstverständlich hatte mir diese Souveränität als junge Frau imponiert. Dafür habe ich ihn bewundert. Auch für seine Kreativität, die aus einer unerschöpflichen Quelle zu kommen schien. Und so ein Mann interessiert sich dann auch noch für mich! Welch angenehmer Umstand! Er überschüttete mich wöchentlich mit Blumensträußen und schönen gemeinsamen Abenden, wenn wir zusammen waren. Alles **vor** der Hochzeit. Heute weiß ich, dass auch dieses „Love Bombing" vor allem von Narzissten als Mittel zur Manipulation eingesetzt wird, um den Partner emotional abhängig zu machen.

Wenn jemand einem Narzissten die Bewunderung verweigert, tut es seiner Größe keinen Abbruch: Dieser Täter ist selbst schuld, hat sich disqualifiziert und wird bis zur Bedeutungslosigkeit abgewertet, ignoriert und geschnitten. Der Narzisst ist vom Bewusstsein durchdrungen, dass niemand so wie er bewunderns- und liebenswert ist. Seine subjektive Gewissheit dieser Tatsache ist so ausgeprägt, dass er dafür keine Begründungen benötigt. Seine Bewunderungswürdigkeit ist a priori gegeben, seine Liebenswürdigkeit evident. Das muss er nicht beweisen. Wobei ihm das Bewundertwerden noch ein Spur lieber ist als das Geliebtwerden – denn da bleibt der adäquate Abstand gewahrt. Bewunderung erfährt ein Höhergestellter. Lieben könnte man ihn auch auf gleicher Augenhöhe – ein Unding für den Narzissten.[23]

Ich habe mich oft gefragt, ob ich diesen Mann wirklich lieben würde. Ich kann es leider nicht beantworten. Bewundert habe ich ihn, vor langer Zeit. Ich war auch sehr verliebt in ihn. Was Raphael Bonelli beschreibt, ist für mich ganz augenscheinlich: Matthias möchte gar nicht geliebt werden! Deswegen ist es für mich auch so schwer zu eruieren, ob ich ihn liebe. Er hat eine tiefe Verbindung nie zugelassen. Wie sollte er auch meine Gefühle spiegeln? Er hat sich wahnsinnig um mich bemüht. Er wollte mich unbedingt haben. Ich kann mich gut daran erinnern, dass ich einen Tag vor unserer Hochzeit in der Trauungskirche gesessen war und gebetet hatte, ihn genauso lieben zu können wie er mich. Als wir verheiratet waren, begann sich der Wind zu drehen. Er hatte mich. Bereits in den Flitterwochen hatte ich mich, wie bereits beschrieben, so sehr fremdgeschämt für sein Verhalten.

Die zweite Fessel des Narzissten ist mit der ersten eng verknüpft. Die Selbstidealisierung führt mit innerer Logik hin zur mangelhaften Beziehungsfähigkeit. Je mehr ein Mensch von sich selbst einge-

nommen ist, umso weniger Platz für jemanden anderen ist in seinem Herzen. Jeder wird sofort abgewertet, der an der Grandiosität kratzen könnte. Echte Beziehung ist beim Narzissten Rarität: Der Narzisst sieht sich letztlich nicht auf gleicher Augenhöhe mit seinem Nächsten, deswegen klappt es nicht so mit der gleichberechtigen Kooperation. Der Narzisst nimmt die bedingungslose Liebe, die Ehepartner, Kinder und Freunde ihm schenken, als selbstverständlich und verdientermaßen hin – ohne Impuls zu verspüren, die anderen wiederzulieben. Bildlich gesprochen, würde er auf ein „Ich liebe dich" seiner Frau mit „Dazu hast du auch allen Grund" antworten. Die Defizite in der Kooperationsfähigkeit sind es wahrscheinlich, die dem Narzissten und seinen Mitmenschen am unmittelbarsten das Leben erschweren. Während drei der neun gängigen Narzissmus-Kriterien – Grandiosität, grenzenlose Größenfantasien und vermeintliche Einzigartigkeit – für die erste Dimension des Charakters zutreffen, bilden die restlichen sechs Kriterien – also Gier nach Bewunderung, Anspruchsdenken, Ausbeutung, Empathiemangel, Neid und Arroganz – die Beziehungs(un)fähigkeit des Narzissten ab. Alle menschlichen Beziehungen des Narzissten sind von diesem Virus befallen. Je näher man einem Narzissten kommt, umso deutlicher äußert sich die Pathologie.[24]

Raphael Bonelli beschreibt in seinem Buch im Abschnitt „Katastrophenehe" einen Fall einer seiner Patientinnen. Sie schildert ihre Ehe folgendermaßen:

„Mein Mann ist strikt gegen jede Form von Religion … Er sei an ehelicher Sexualität nicht mehr interessiert – ganz im Gegensatz zu ihr. Frau K. hat das Gefühl, dass er komplett das Interesse an ihr verloren hat. Solange sie noch jünger war und ihn bewunderte, war noch alles in Ordnung zwischen ihnen beiden."[25]

Treffender kann man die Situation bei uns nicht beschreiben. Mein Mann ist ein missionierender Atheist. Er lehnt jede Form von Religion ab. Vielmehr schreibt er die Unruhe- und Kriegsherde auf der Welt explizit den Religionen zu und macht sie dafür verantwortlich. Sein Fazit: Ohne Religionen wäre unsere Welt viel friedlicher. Zum zweiten Punkt: Früher war – wenn auch selten – Sex in unserer Ehe zu finden. Seit ich meinen Mann nicht mehr bewunderte, und ihn zudem noch des Öfteren kritisierte, stellte er seine sexuellen Kontakte zu mir vollends ein. Er braucht keine körperliche Zuneigung. Er hat ja sich und seine Liebe zu sich selbst.

Sogar beim Thema Sex hatte Matthias schon versucht, mich zu manipulieren.

Als es eines Tages darüber Diskussionen zwischen uns gab, meinte er sehr vorwurfsvoll: „**Ich** hatte mich ja immer nach mehr körperlicher Nähe gesehnt, aber **du** wolltest ja nichts mehr von mir wissen!"

Hier schon wieder eine versuchte Manipulation durch Schuldzuweisung, deren Begründung völlig aus der Luft gegriffen war. Er tat so, als wäre ich mit meiner Person gar nicht beteiligt an diesem Thema. Wiederum ein Beweis für die ungebrochene Überheblichkeit dieses Narzissten. Gott sei Dank, lässt sich die Vergangenheit nicht mehr manipulieren.

Weiterhin beschreibt Bonelli jenen Fall:

„Es interessiert ihn nicht, was mich interessiert." Er geht mit seiner Frau nicht wandern. *„Kein Interesse."* Zusammen verbringen Herr und Frau K. in der Zwischenzeit nur sehr wenig Zeit. Tiefere Gespräche, besonders über die Beziehung, gibt es nicht. *„Er ist wirklich beziehungsunfähig."*[26]

Es ist unfassbar für mich, wie sich diese Geschichte mit meiner eigenen deckt.

Mein Mann hat es nicht geschafft, auch nur für eine Stunde mit mir zusammen einen Spaziergang im frischen Schnee zu machen. Gemeinsam wertvolle Zeit verbringen? Fehlanzeige. Er hat mich so oft abblitzen lassen mit meinen schönen Ideen und mir einen „Korb gegeben", dass ich schon vor Jahren dazu übergegangen bin, alleine wegzugehen, alleine in Urlaub zu fahren, alleine Ausflüge zu machen, alleine in die Oper zu gehen usw. usf. Er hat mich oft als „vergnügungssüchtig" bezeichnet. Nein, das bin ich nicht. Ich hätte das alles sehr gern **mit** ihm gemacht, aber er hatte sich permanent verweigert. Dann habe ich eben alles alleine unternommen. Am Anfang hat es mir noch weh-getan, denn alle unsere Freunde und Bekannten waren immer als Paar anzutreffen. Aber irgendwann habe ich dieses Gefühl einfach abgeschüttelt und ganz bewusst nichts mehr von ihm erwartet. Danach ging es mir besser.

Meine Freunde haben oft gefragt, wo denn mein Mann sei. „Er muss arbeiten", habe ich jede Mal geantwortet. Das war nicht gelogen. Egal ob abends, nachts, am Wochenende oder an Feier-tagen. Er hat immer gearbeitet. Der Punkt ist aber, er WOLLTE sich nicht vergnügen! Matthias machte es immer mehr Spaß, im Studio zu sitzen und zu arbeiten, als sich mit Freunden zu treffen. Er hat mich sehr oft alleine losgeschickt oder kurz vor-her das Treffen abgesagt. Ich habe den Eindruck, er will partout keine Freude erleben. Ich schon, denn das gehört ausdrücklich zu meinem Leben dazu. Ein schöner Abend mit Freunden oder Kultur ist erhebend, erbauend und trägt zum seelischen Wohl-befinden bei. Der „Grottenolm", wie unsere Freunde ihn bald nannten, saß zu Haue und arbeitete.

Weiterhin beschreibt Bonelli Herrn K. folgendermaßen:

Herr K. ist – in der Schilderung seiner Gattin – unmäßig stark da-mit beschäftigt, anderen zu imponieren, um ihre Bewunderung zu er-langen. Er braucht die Bewunderung und das Hinaufblicken anderer wie ein Süchtiger das Suchtmittel. Eine ehrliche Partnerschaft auf gleicher Augenhöhe will er gar nicht. Die wäre zwar nicht bedrohlich für ihn, aber völlig uninteressant. Seine Frau hat aufgehört, ihn be-dingungslos zu bewundern, wird deswegen von ihm nicht mehr ge-braucht und somit emotional zur Seite geschoben. Er verachtet sie dafür, dass sie nicht mehr zu ihm aufblickt. Solange sie noch jünger war und ihn bewunderte, war noch alles in Ordnung.[27]

Erschreckend, wie auch diese Geschichte der meinen gleicht. Genauso lief die Entwicklung in unserer Ehe ab. Matthias' Verachtung spüre ich seit vielen, vielen Jahren – jeden Tag. Er denkt immer noch, ich sei ihm nicht gewachsen, nicht auf seiner Augenhöhe.

In den gängigen Narzissmuskriterien heißt es, der Narzisst zeige einen Mangel an Empathie: ist nicht bereit, die Gefühle oder Bedürfnisse anderer zu erkennen und anzuerkennen oder sich mit ihnen zu identifizieren. Er kann keine stabilen Beziehungen halten. Die Partnerin formuliert dann manchmal, dass sie ihn in der Beziehung als „total kalt" wahrgenommen hat, nicht einfühlsam, er sehe nur sich selbst, sie fühlte sich immer nur wie eine Nummer. Und er bemängelt in der Retrospektive, dass sie nie gesehen hat, wie großartig er sei und was er ihr alles bieten konnte.[28]

Bei vielen Narzissmusbeschreibungen kommt es zu einer intellektuellen Unschärfe, die zu Missverständnissen führt. Der Narzisst ist nicht **unfähig***, die Gefühle oder Bedürfnisse anderer zu erkennen und anzuerkennen oder sich mit ihnen zu identifizieren, sondern* **unwillig***, dies zu tun. Er hat im Herzen die Entscheidung getroffen, dass die Gefühle und Bedürfnisse anderer unwesentlich sind, dass ihnen nicht so viel Beachtung geschenkt werden soll.[29]*

Ein Narzisst kann andere eigentlich sehr gut verstehen und „lesen", aber fühlt nicht mit, es interessiert ihn nicht. Er ist von dem Verhalten und Erleben anderer nicht affektiv berührt. Der Empathiemangel ist präziser formuliert keine Empathieunfähigkeit, sondern in Wirklichkeit eine Empathieverweigerung. Das wiederum gibt grundsätzlich Hoffnung für die Therapie: Wenn der Narzisst empathisch leben will, kann er diese Fähigkeit reaktivieren.

Im Gegensatz zu einem Schizoiden geht ein Narzisst berechnend und manipulativ vor, weil er eben Empathie hat und sie auch einzusetzen gewillt ist, wenn sie seinen Zwecken nutzt.[30]

Raphael Bonelli schildert aus seiner psychotherapeutischen Praxis einen weiteren Fall einer Frau, die ihren Mann folgendermaßen beschreibt. Es ist, als würde sie Matthias' Charakter erklären:

Der Ehemann verweigert die Paartherapie, weil Psychotherapeuten alle Scharlatane seien und nur blöd daherredeten. Die Ehefrau erzählt weiter: „Was mich am meisten belastet, ist seine Feindseligkeit gegen Menschen. Er hat keinen echten Freund, nur gemeinsame Bekannte, mit denen er notgedrungen Umgang pflegt. Aber immerhin: Er geht sicher nicht fremd."

Der Ehemann will in der Beobachtung seiner Frau ständig wertgeschätzt und gelobt werden. „Er tut sich schwer mit dem Nichtpersönlich-Nehmen, hat sich immer unverstanden gefühlt." Er sei leicht kränkbar. Plötzlich, scheinbar aus dem Nichts sage er aggressive Sätze. „Es ist immer unangenehm in seiner Gegenwart. Er ist nicht teamfähig."[31]

Sein eigener Sohn kann dem Vater nichts recht machen. Das Selbstbewusstsein des Sohnes ist ihm ein Dorn im Auge. Er würde ihn gern brechen. Er sieht die Erfolge des Sohnes, kann aber nicht auf ihn stolz sein. Alles seine Erfolge wertet er ab und macht sie schlecht und klein.[32]

Dasselbe macht Matthias bei mir. Unzählige Male redete er meine Erfolge, die ich z. B. mit dem Orchester hatte, klein und kritisierte haarspalterisch die Konzerte. Unsere Konzerte verliefen für gewöhnlich sehr gut und wir hatten großen Erfolg beim Publikum. Alle waren hingerissen oder äußerten durchaus wohlwollend und konstruktiv Kritik. Mein Mann zerpflückte immer und ohne Ausnahme das eben stattgefundene Konzert, sodass er mir das Gefühl gab, nicht genug dafür gearbeitet zu haben. Dabei bereiten wir uns immer ein halbes Jahr intensiv auf einen Konzertzyklus vor. Nach dem Konzert gab er mir stets das Gefühl, dass wir noch besser hätten spielen können. Dabei spielt er selbst kein klassisches Instrument und hat keine Erfahrung von der Teamarbeit in einem Sinfonieorchester. Aber das Ergebnis zerreden – das kann er perfekt! Mit den Jahren hatte ich keine Lust mehr, ihn zu fragen, wie er das Konzert finden würde. Es interessierte mich einfach nicht mehr.

Alfred Adler analysiert: „In dem Streben nach Macht und Überle-
genheit gelangt der Mensch vielfach zu Charakterzügen des Nei-
des." Das gilt in besonderem Maße für den Narzissten: Der Wunsch
nach Überlegenheit ist dem Neid psychologisch viel näher, als man
landläufig denkt. [33]

Heißt das, Matthias war über all die Jahre nur neidisch auf mich?
Kann das sein? Klar, ich hatte zwei Staatsexamen geschrieben,
war Lehrerin, hatte drei Kinder entbunden, war über 20 Jahre
lang mit einem Sporttheater sehr erfolgreich auf den Bühnen
Deutschlands unterwegs, probte mit dem Sinfonieorchester und
spielte Konzerte. Außerdem hatte ich ein Haus geplant, gebaut
und den Garten angelegt. Aber mir war es bis dato überhaupt
nicht in den Sinn gekommen, dass man darauf neidisch sein
könnte! Da ich selbst nicht im Geringsten ein neidischer oder
eifersüchtiger Mensch bin, lag mir der Gedanke recht fern. Nun
kann ich also auch diese Beweggründe verstehen, die Matthias
veranlassen, mich als seine Konkurrentin oder sogar Gegnerin
zu sehen. Schön langsam wird mir vieles klar.

In den gängigen Narzissmuskriterien der American Psychiatric As-
socioation heißt es, der Narzisst zeige „arrogante, hochmütige Ver-
haltensweisen oder Ansichten". Diese sind die direkte Folge der Gran-
diosität. Interessant ist, dass der Narzisst in seiner Grandiosität
trotzdem unheimlich leicht kränkbar ist. Auf Kritik, Niederlagen,
Zurückweisung, Beschämung oder Demütigung reagieren Narzis-
ten blitzschnell mit Entwertung, Entwürdigung, Verachtung, Dys-
phemismus – oder blanker Aggression.

Obwohl der Narzisst nur so von Selbstwertgefühl strotzt, ist er
gleichzeitig emotional aufgebracht, wenn jemand Unbefugter an sei-
ner überragenden Königswürde kratzt. Und damit das klar ist. Alle
sind unbefugt, absolut niemand ist berechtigt, ihn zu hinterfragen.
Das ist Majestätsbeleidigung! Jede Kritik wird als massiver Übergriff
erlebt, auf die der Narzisst reflexhaft ganz massiv die Methode der
Abwertung „ad hominem" anwendet. Wer es wagt, den Narzissten
infrage zu stellen, muss mit einer äußerst schmerzhaften und unter-

griffigen Replik rechnen – davon können Psychiater ein Lied singen.
Der Narzisst hat ein scharfes Auge dafür, was den anderen treffen
könnte – und keinerlei Hemmungen, die Beleidigung und Verletzung
auch auszusprechen.[34]

Dies wiederum erklärt die äußerst beleidigende und scharfe
Zurechtweisung seinerseits, als es um die abgeschnittenen Rosenköpfe ging. Ich hatte Matthias gefragt und – in seinen Augen – kritisiert, warum er die Rosen in voller Blüte abgeschnitten hätte. Den daraus resultierenden Disput hatte ich bereits in
Kapitel 7 beschrieben. Das war aber nur die Spitze des Eisbergs
der Respektlosigkeiten, die er mir im Laufe unserer Ehe entge-
gengeschleudert hatte. Ich könnte Hunderte Beispiele aufzäh-
len, was den Rahmen dieses Buches sprengen würde.

Die dritte Fessel bei einem Narzissten ist die Selbstimmanenz – also
der Mangel an Selbsttranszendenz. Je mehr man sich selbst in den
Himmel hebt umso weniger Platz ist dort für Höheres. Dem Narzissten
ist der Weg nach oben versperrt. Das lateinische Wort „transcendere"
heißt „übersteigen". In der Philosophie sind die „Transzendentalen"
das Gute, das Wahre, das Schöne. Diese betreffen die Allgemeinheit
und übersteigen demnach die besonderen Seinsweisen. Was wahr ist,
ist wahr und wird immer wahr bleiben. Nur in dem Maße, in dem der
Mensch solcherart sich selbst transzendiert, verwirklicht er auch sich
selbst: im Dienst an einer Sache. Ganz er selbst wird er, wo er sich
selbst übersieht und vergisst.

Von Selbstimmanenz jedoch ist der Mensch betroffen, der nicht
über sich selbst hinauskommt, der nicht zur Selbsttranszendenz fin-
det. Man muss sich selbst aber übersteigen, um Anteil zu haben am
größeren Ganzen, dort erst findet man sich auch erst richtig. Selbst-
immanenz verhindert somit die Selbstverwirklichung. In der DSM-
Terminologie gesprochen: Grandiosität, grenzenlose Größenfanta-
sien und vermeintliche Einzigartigkeit beschreiben die Fessel der
Selbsterhöhung, die den Menschen in sich hineindrücken. Die Gier
nach Bewunderung, Anspruchsdenken, Ausbeutung, Empathieman-
gel, Neid und Arroganz machen die Fessel der Beziehungsdefizite,

die den Narzissten isolieren. Wer sich selbst das Höchste ist, kennt nichts Höheres.

Je mehr der innere Stern des Narzissten aufgeht, umso mehr verblasst jegliche Selbsttranszendenz: weil sie keinen Sinn mehr macht. Das allgemeingültige Gute, Wahre und Schöne verliert im narzisstischen Prozess nach und nach seine Bedeutung. Über ihm ist kein Platz mehr.[35]

Für den frühen Freud-Schüler Wilhelm Stekel schließt sich Narzissmus und Religiosität aus. Der britische Psychoanalytiker Ernest Jones verknüpfte noch deutlicher als Stekel den Narzissmus mit der religiösen Frage und nennt ihn sogar „Gotteskomplex". Er schildert Patienten, die die unbewusste Überzeugung hatten, Götter zu sein. Jones betont eine Pathologie, die sich durch Abgehobenheit, Selbstbewunderung, Exhibitionismus sowie Omnipotenz und Allwissenheitsfantasien auszeichnet: „Der Gegenstand der Religion ist gewöhnlich von größtem Interesse für solche Menschen – sowohl theologisch als auch historisch und psychologisch betrachtet. In der Regel sind sie natürlicherweise Atheisten, denn sie können die Existenz irgendeines anderen Gottes nicht ertragen." Dieser Mensch zeigt „eine exzessive Bewunderung für beziehungsweise hohes Vertrauen in die eigenen Kräfte, das eigene Wissen, den Wunsch, die eigene Person oder einen bestimmten Teil der Person zur Schau zu stellen, Omnipotenzfantasien, einen ausgeprägten Wunsch, geliebt zu werden, nach Verehrung und Bewunderung.[36]

Das permanente, krankhafte Sich-zur-Schau-Stellen meines Mannes gegenüber anderen habe ich schon im 6. Kapitel beschrieben. Hier möchte ich nur erinnern an die Geschichten mit dem sich gern Zeigen in der Sauna und der Demonstration seiner Bauchmuskeln. Auch das Herumlaufen in knappen Unterhosen, am liebsten, wenn die Freunde oder Freundinnen unserer Söhne im Haus sind, sei hier nochmal erwähnt. Alles Zeichen des Exhibitionismus eines Narzissten.

Seine Allwissenheitsfantasien hatte ich auch bereits dargestellt. Egal wen er trifft, Matthias klinkt sich sofort verbal und ohne Umwege fundiert beziehungsweise, wie er selbst kokettiert,

„mit gefährlichem Halbwissen" in dessen Beruf, Hobby, Interessen oder Ausbildung ein. Dabei interessiert es ihn überhaupt nicht, was sein Gegenüber zu erzählen hat. Allein das Präsentieren SEINES Wissens ist von Bedeutung.

Der Philosoph Aurel Kolnai verfasste 1931 einen Essay über den Hochmut. Er definiert den Hochmütigen mit der narzisstischen Trias: „Kennzeichen der hochmütigen Intention sind: die Apriorität des Eigenwerts und die durchblitzende Allgemeinverachtung des Nichtichs. Aller Hochmut ist satanisch: er will sein eigener Gott sein." Der subjektiv eingeschätzte Eigenwert ist beim Hochmütigen laut Kolnai a priori vorhanden – das entspricht der Selbstidealisierung. Die Verachtung des Nichtichs ist die Fremdabwertung. Und die Selbstimmanenz besteht darin, dass er sein eigener Gott sein will.[37]

Hierbei soll an die Episode erinnert werden, in der Matthias von sich behauptete „Ich bin Gott!". Beschrieben im 7. Kapitel.

Der Narzissmus bekommt in der Kulturgeschichte der Menschheit keine wirklich guten Noten. Allerdings wird nicht der medizinische Begriff, sondern die klassische Bezeichnung verwendet: der Hochmut. Die Religionen stehen dem Hochmütigen durch die Bank äußerst kritisch gegenüber. Laotse, Begründer des Taoismus stellte schon im 6. Jahrhundert v. Chr. fest, dass derjenige, der sich selbst glorifiziert, keine Verdienste hat. Wer auf sich selbst stolz ist, hat nach Laotse keinen Bestand. Berühmt ist sein Satz: „Wer sich rühmt, dem traut man nicht. Wer auf sich stolz ist, ist kein Herr."

Laotses junger Freund Konfuzius schreibt später: „Der sittliche Mensch hat Würde, aber keinen Stolz; der gewöhnliche Mensch hat Stolz, aber keine Würde." Den sittlichen Menschen, den Konfuzius auch den „Edlen" nennt, zeichnet Mitmenschlichkeit, Gerechtigkeit, kindliche Frömmigkeit aus – also ein Idealtypus, der dem Narzissten ziemlich diametral entgegengesetzt ist.

Siddhartha Gautama, den wir als Buddha kennen, war ein Zeitgenosse von Laotse und Konfuzius. Auch für ihn gilt der Stolz als eine gefährliche Fessel, die den Menschen an den leidvollen Zyklus des Seins bindet. Hier wird der Narzissmus bereits als Unfreiheit wahrgenommen. Der Ausbruch geschieht im Buddhismus auf dem Weg des Loslassens von allen stolzen Bindungen, stolzen Begierden und stolzen Wunschvorstellungen sowie durch Erkenntnis. Der Buddhist vollführt rituelle Verbeugungen, um sich vom Stolz zu reinigen.

Gendün Rinpoche, ein bekannter Lama des tibetischen Buddhismus im 20. Jahrhundert, versuchte diesen Ritus so zu erklären: „Der Grund dafür, dass wir uns verbeugen, ist, uns von all den vergangenen Situationen zu reinigen, wo wir andere nicht geschätzt haben." Er spricht auch davon, dass religiöse Rituale vom Stolz heilen können. Es ist also ein Kraut gewachsen gegen diesen Hochmut, der den Menschen verdirbt. Und dieses Kraut ist die Verbeugung als bewusste, wiederholte „Verdemütigung" des Herzens, die dem Stolz zutiefst zuwider ist.[38]

Im 4. Jahrhundert v.Chr. beginnen die Juden ihre Weisheiten und Erkenntnisse zusammenzufassen. Auch hier wird dem Narzissten kein gutes Zeugnis ausgestellt. Im 29. Kapitel heißt es: „Hochmut erniedrigt den Menschen, doch der Demütige kommt zu Ehren." Der bekannteste Satz steht aber in den Sprüchen Salomos: „Wer zugrunde gehen soll, der wird zuvor stolz; und Hochmut kommt vor dem Fall."

In den jüdischen Quellen heißt es weiterhin: „Demütige deinen Stolz ganz tief, denn was den Menschen erwartet, ist die Verwesung." Die wichtigste Tugend der Juden ist der demütige Gehorsam gegenüber einem allmächtigen Gott – der hochmütige Ungehorsame geht zugrunde. Für eine gesunde Gottesbeziehung ist Demut Voraussetzung.

Wie im Taoismus, Konfuzianismus, Buddhismus oder Hinduismus zeigt sich im Judentum eine klare Ablehnung des Stolzes als Auflehnung gegen eine höhere spirituelle Ordnung.

Auch im Christentum ist, wie bei allen anderen Religionen, die Demut das Ideal und der Stolz nicht so hilfreich. Wie bei den Juden erschwert der Stolz die Gottesbeziehung, weil der die Selbsttranszendenz unmöglich macht.

Jesus von Nazareth zeigt das Ideal: „Lernet von mir, denn ich bin sanftmütig und demütig von Herzen." Das ist bemerkenswert: Demut kann man also lernen. Sie ist nicht genetisch fixiert. Ihr Gegenteil, also Hochmut, Stolz oder eben Narzissmus, ist für die christliche Leh-

re eine Haltung infolge einer Entscheidung, die der Mensch widerrufen kann. Demut ist nicht selbstverständlich. Aber man kann sie sich im Sinne eines Lernprozesses und durch asketische Bemühungen aneignen. Narzissmus, Eigenliebe, Selbstverliebtheit und überzogenes Selbstwertgefühl sind nicht schicksalhaft, sondern durchaus veränderbar. Aurelius Augustinus von Thagaste schrieb um das Jahr 400: „Der Ursprung aller Sünde ist der Stolz", weil der Stolze tue, was er wolle, und sich nicht dem Willen Gottes beuge. Aus Hochmut verweigert sich der Mensch seinem Schöpfer. Zusammengefasst ist das Christentum hoffnungsvoll: Wer ernsthaft will, kann aus seinem Narzissmus aussteigen. Das ist zwar nicht ganz einfach, aber machbar.[39]

Auch Mohammeds Lehre (um das Jahr 600) ordnet den Hochmut ähnlich negativ ein wie alle anderen Weltreligionen: Im Islam ist es die Demut, die zum Paradies führt. Eine Koranstelle spricht sich direkt gegen narzisstisches Gehabe aus, indem sie besagt: „Allah liebt keine eingebildeten Prahler". Demut entwickelt sich nach der muslimischen Lehre automatisch, wenn man von Gott weiß und seine Größe anerkennt, wenn man ihn verehrt und Ehrfurcht vor ihm besitzt. Dadurch erkennt man sich auch selbst in seiner Fehlerhaftigkeit. Auch hier – wie im Judentum und Christentum – ist die lebendige Gottesbeziehung das Heilmittel gegen den Hochmut.[40]

Im Frühjahr 2019 hatten wir Besuch von einem indischen Staatsbürger aus Kaschmir. Er ist gläubiger und praktizierender Moslem und mittlerweile ein guter Freund unserer Familie. Ich holte ihn vom Flughafen ab und brachte ihn zu uns nach Hause. Er hatte noch nicht mal seinen Koffer aus dem Kofferraum gehoben, da passte ihn Matthias in der Einfahrt ab und begrüßte ihn. Es dauerte keine zwei Minuten, da stülpte er alles über unseren Gast, was er Negatives über Religionen wusste, da seine Mutmaßung bezüglich des muslimischen Glaubens bestätigt wurde. Er referierte in einer sehr dominanten Lautstärke, dass es keinen Gott geben könne. Den Beweis der Nichtexistenz jeglichen Gottes stimmte er sogleich in einem lang anhaltenden Monolog an. Unser Gast, der den Ausführungen recht entspannt folgte, fühlte sich nicht im Geringsten gemüßigt, den Redeschwall zu unterbrechen. Das finale Totschlagargument brachte Matthias zum Ende seiner Ausführung: „Wenn es einen Gott gäbe, dann müsste ich ihm ja jeden Tag danken mit: Lieber Gott, ich danke dir vielmals, dass du mich nicht so hungern lässt wie die armen Kinder in Afrika! Also kann es gar keinen Gott geben."

Welcher Wahnsinn: Da kommt ein fremder Mensch als Gast zu uns und anstatt ihn willkommen zu heißen und ein Gespräch mit ihm zu starten, überschüttet er ihn mit seiner atheistischen Weltanschauung. Welch unterirdisch schlechtes Benehmen! Für mich völlig unfassbar, wie unsensibel dieser Mensch sein kann! Unser Gast aus Kaschmir hat sehr souverän reagiert, gelächelt und sich auf keine Diskussion eingelassen.

Ich für meine Person bin kein ausgesprochen religiöser Mensch, aber ich achte und respektiere die Weltanschauung eines anderen Menschen. Das ist mir ein großes Anliegen.

Der US-amerikanische Historiker und Sozialkritiker Christopher Lasch rief bereits 1980 das „Zeitalter des Narzissmus" aus. Er postulierte provokant, dass ein neuer, dekadenter Ichkult die westlichen Industriegesellschaften lähmt. Die 68er-Bewegung deutete er als eine „narzisstische Kulturrevolution". Dies sei zunächst im Zeichen der Selbstverwirklichung angetreten, habe sich dann aber – als „therapeutische Gesellschaft" – in die Sackgasse eines durch den Mangel an Bindungsfähigkeit und Generativität gekennzeichneten Hedonismus begeben.[41]

Kann es eventuell sein, hier die Ursachen der Bindungsunfähigkeit meines Mannes zu finden? Auch seine beiden Geschwister haben sich als bindungsunfähig erwiesen. Haben ihre Eltern, die Mutter, eine überzeugte „Kampfemanze" damit zu tun? Ich bin immer noch auf der Suche nach Antworten.

Auch in der Politik, im Wirtschaftsleben oder im Literaturbetrieb grassiert, so Lasch, die Lust an narzisstischer Selbstbespiegelung: Mehr und mehr entscheiden nicht Taten, sondern die ausgefeilten Künste der Imagepflege in Talkshows und Pressekonferenzen über

Karrieren – ein weltumspannender, von TV-Kameras ständig reflek-
tierter Jahrmarkt der Eitelkeiten.

Bezeichnenderweise wurde fast gleichzeitig das Schlagwort „Ell-
bogengesellschaft" in Deutschland zum Wort des Jahres gewählt. Das
Wort ist im ausgehenden 20. Jahrhundert entstanden und bezeichnet
eine Gesellschaftsordnung, die auf Egoismus, Konkurrenz, Rücksichts-
losigkeit und Eigennutz basiert und bei der also die sozialen Denkwei-
sen und Verhaltensnormen unterentwickelt sind. Um die Jahrtausend-
wende etabliert sich dann das Modewort „Ego-Gesellschaft".[42]

Zu unserer kirchlichen Trauung im Jahr 1993 hatten wir uns
für den Text aus dem „Hohelied der Liebe" (1. Korinther 13)
entschieden:

„Die Liebe ist langmütig, die Liebe ist gütig. Sie ereifert sich
nicht, sie prahlt nicht, sie bläht sich nicht auf. Sie handelt nicht
ungehörig, sucht nicht ihren Vorteil, lässt sich nicht zum Zorn
reizen, trägt das Böse nicht nach. Sie freut sich nicht über das Unrecht, sondern freut sich an der Wahrheit. Sie erträgt alles, glaubt
alles, hofft alles, hält allem stand. Die Liebe hört niemals auf."[43]

Der Narzisst als solcher ist zur Herzensliebe nicht fähig, das bestä-
tigen alle Frauen, die mit ihm verheiratet sind oder waren. Die Phi-
lia (Freundschaft, schenkende Liebe) bleibt ihm fremd und er
erklimmt niemals die Höhen der Agape (von Gott inspirierte, un-
eigennützige Liebe), es sei denn, er legt seinen Narzissmus ab. Für
den im Narzissmus gefangenen Mann ist es selbstverständlich, dass
seine Freu ihn liebt. Das kann er wirklich gut nachvollziehen. Er tut
es ja auch. Aber er geht aufgrund der Asymmetrie seines kranken
Herzens davon aus, ihre Liebe zu verdienen. Geliebt zu werden ist
für ihn angenehm und stimmig, aber keinesfalls Grund, seine Frau
wiederzulieben. Denn zwischen ihm und seiner Frau ist eben doch
ein beträchtlicher Abstand.

Freud entdeckte, dass der Narzissmus seine Liebesfähigkeit dem
Gegenüber vorenthält und an sich selbst vergeudet.

Der Selbstverliebte sieht vor lauter Ich nicht mehr klar, was ihn
transzendiert: was gerecht, wahr, gut und schön ist. Gerecht ist für

ihn das, was ihn verteidigt, gut ist das, was ihm nutzt, wahr ist seine Meinung, und schön ist alles, was mit ihm im Zusammenhang steht.[44]

Genau deshalb fragte mich Matthias, wie bereits in Kapitel 7 beschrieben, mit dem Satz „Wer bist du, die du hier die Moral aufstellst?" nach dem Recht meiner moralischen Urteilskraft. ER hatte doch aus seiner Sicht das alleinige Recht, SEINE Moral aufzustellen. Dieser Umstand stellt für mich die Wurzel der pathologischen Verhaltensweisen meines Mannes dar. Ein Welt- und Selbstbild, das nach allen Maßstäben im eigentlichen Sinne des Wortes „verrückt" ist.

Paulus von Tarsus beschreibt die Eigenliebe folgendermaßen: Die Menschen, die sich selbst lieben, werden „habgierig, prahlerisch, überheblich, bösartig, ungehorsam gegen die Eltern, undankbar, ohne Ehrfurcht, lieblos, unversöhnlich, verleumderisch, unbeherrscht, rücksichtslos, roh, heimtückisch, verwegen, mehr dem Vergnügen als Gott zugewandt" sein. Das sind die Eigenschaften des Narzissten, wie wir ihn heute kennen.[45]

Immanuel Kant, der Großmeister der deutschen Philosophie, hat seinen „kategorischen Imperativ" folgendermaßen formuliert: „Handle nur nach derjenigen Maxime, durch die du zugleich wollen kannst, dass sie ein allgemeines Gesetz werde." Dieses Prinzip ist dem Narzissten fremd: Er behandelt Mitmenschen so, wie er selbst nicht behandelt werden möchte. Er will sich in den anderen nicht hineindenken, weil dieser eben nur ein anderer ist. Und nicht auf der derselben Stufe wie er selbst.

Wer den kategorischen Imperativ ablehnt, der öffnet sich damit zugleich folgerichtig für unethisches und gar unmoralisches Handeln. Der Narzisst kippt aus seiner inneren Unordnung des „Das Hemd ist mir näher als der Rock" beziehungsweise „Jeder ist sich selbst der Nächste" leicht in Entsolidarisierung, Rücksichtslosigkeit, Manipulation und das Fremdausbeuten.

Der berühmte Psychoanalytiker Otto Kernberg schuf den Begriff „bösartiger Narzissmus", immer wieder auch „maligner Narzissmus" genannt.

Begibt man sich auf die Suche nach dem psychologisch-psychi-
atrischen Korrelat des sogenannten „Bösen", landet man nicht bei
Wahnerkrankungen und Manie, nicht bei Dissozialität und Hyste-
rie, sondern beim Narzissmus, konstatiert der bekannte Gerichts-
psychiater Reinhard Haller.

Ist der Narzisst also krank oder böse? Unfrei oder verantwort-
lich? Getrieben oder schuldig? Opfer oder Halunke? Also: Kann er
was für sein schamloses Treiben oder ist er bloßes Produkt seiner
Erziehung, der Gesellschaft, der Umstände? Ein Frankenstein'sches
Monster? Auf diese Frage gibt es keine Antwort, die jeder Psychia-
ter mittragen würde.

Umgangssprachlich gilt Narzissmus als Charakterproblem und
darin schwingt die Möglichkeit mit, sich auch anders zu entschei-
den, anders handeln zu können, als die narzisstischen Impulse uns
vorgeben. Im Begriff „Krankheit" dagegen schwingt so ein „Kann
nicht anders" mit. Wo bleibt da die Freiheit des Menschen? Wenn sie
beim Narzissten ganz erlischt, dann hat Psychotherapie auch keinen
Sinn. Denn Psychotherapie kann nur dort Fesseln abstreifen und Ent-
scheidungen und Handlungen erleichtern, wo prinzipiell noch Frei-
heit vorhanden ist.[46]

Die Frage, ob sich mein Mann jemals ändern würde, kann ich
nicht beantworten, aber ich habe die Hoffnung noch nicht aufgegeben. Dazu müsste er sich selbst eingestehen, dass er Fehler gemacht hat, und diese mit größter Herzens- und Willens-
kraft bearbeiten. Aber er ist noch nicht so weit. Es ist immer
noch zu wenig passiert, als dass er auch nur im Geringsten bei
sich den Hauch einer Schuld sehen würde. Schuld am systema-
tischen Runterwirtschaften unserer Ehe, Schuld an sukzessi-
ven tiefgreifenden Verletzungen, die er mir zugefügt hat, Schuld
am Auseinanderbrechen der Familienstruktur, Schuld am Ver-
geuden wertvoller Ehe- und Lebensjahre, Schuld an der Ober-
flächlichkeit unserer Beziehung, Schuld am nicht Zulassen tie-
fer Herzensliebe, Schuld am Rückzug aus der Partnerschaft.

Die Neigung zur Eigenliebe, die sich selbst über die anderen stellt, ist jedem Menschen natürlich eigen. Dazu muss man sich nicht anstrengen. Die Tendenz sieht man schon bei zwei- bis dreijährigen Kleinkindern, die irgendwann beginnen, die anderen Kinder schlechter zu behandeln, als sie selbst behandelt werden wollen. Das ist das, was Sigmund Freud „primären Narzissmus" nennt. Ein Teamplayer zu sein muss man lernen, Ego-Schwein ist man von selbst. Deswegen ist die Erziehung zur Selbstlosigkeit so wichtig.[47]

Genau das haben die Eltern meines Mannes vollumfänglich versäumt. Teamplayer war Matthias noch nie und er wird es auch nicht werden. Im Gegenteil: Er muss immer „Chef" bleiben. Zwanghaft. Er muss immer das letzte Wort haben, steht in seiner Attitüde über seinen Gesprächspartnern und spricht grundsätzlich nur mit „Untergebenen". Das würde er in dieser Art niemals zugeben, aber man kann es tagtäglich mehrmals beobachten. Sogar in kleinen, unbedeutenden Dingen zeichnet sich sein Chefsein ab. Eine Geschichte aus dem Alltag: Ich hatte nach einem geselligen Abend mit Gästen in unserem Haus noch in der Nacht die Gläser gespült und poliert. Am nächsten Morgen stand Matthias vor mir auf und bereitete sich ein Frühstück. Als ich etwas später in die Küche kam, fragte er mich beiläufig, ob ich die Gläser wohl schon gespült hätte. Er hätte dabei noch winzige Streifen an einem Glas entdeckt. Ich sagte ihm, dass ich mir viel Mühe gegeben hatte, um die Gläser gut und streifenfrei zu polieren. Da meinte er nur lapidar: „Aber eben nicht gut genug!"

In diesem Moment hätte ich ihn wieder einmal an die Wand klatschen können! Ein normaler Mensch hätte sich vielleicht darüber gefreut, dass ich schon die Gläser gespült hatte, während er schlief. Nicht so mein Mann. Er suchte förmlich nach einer winzigen Kleinigkeit, mit der er mir wieder eine reinwürgen konnte. Dieses „aber eben nicht gut genug" musste ich sehr oft in unserer Ehe hören. Dabei bin ich ein Mensch, der sehr ordentlich arbeitet und immer die Sachen so gut wie möglich und verantwortungsvoll erledigen möchte. Es ist so wahnsinnig erniedrigend, wenn einem immer wieder gesagt wird, dass man den Ansprüchen nicht genügt. Es kratzt mächtig am Selbstbewusstsein. Es fühlt sich an wie andauernder Psychoterror. Man ist nie gut genug.

Der männliche Narzisst ist ein Meister der Selbstdarstellung: Er tritt selbstbewusst auf, ist extravertiert, charmant und liefert, wenn es ihm nutzt, hohe Leistungen. Er blüht auf der Bühne der weiblichen Bewunderung richtiggehend auf. Er ist – bei entsprechendem Publikum – eine schillernde Persönlichkeit mit beachtlichem Charisma. Sein einnehmendes Wesen macht ihn nicht nur durchsetzungsstark, sondern lässt ihn für die Damenwelt oft auch als glänzenden Unterhalter erscheinen. Diese Wirkung auf Frauen setzt der Narzisst auch ganz gezielt ein: Er ist ein Meister der Manipulation. Er wertet seine weibliche Beute erst mal „ritterlich" auf, lobt und umgarnt sie. Dabei beweist sein Minnesang ein unheimliches Einfühlungsvermögen, eine berechnende Höflichkeit, denn er kann die Frauen bei ihrer Schwäche und Eitelkeit packen und ihnen dadurch sehr effektiv schmeicheln. Wenn er sie aber nicht mehr braucht, lässt er sie blitzschnell fallen oder wertet sie sogar ab.[48]

Absolut auf den Punkt gebracht! Vor der Hochzeit hatte mich Matthias verwöhnt, war für mich da, war großzügig wie noch kein Mann vorher in meinem Leben. Er schickte mir jeden Montag einen großen Strauß Blumen an meine Adresse. Hatte sehr kreative Ideen, wie er mich umgarnen konnte.

Lud mich in teure Restaurants zum Essen ein, erfreute mich mit einem Trip nach Italien. Alles vor der Hochzeit. Dass er mich schon damals manipuliert hatte, konnte ich mir zu dieser Zeit nicht im Geringsten vorstellen. Ich hatte überhaupt keine Ahnung, wie sich ein Mensch mit der Zeit verändern kann.

Nach der Hochzeit fing er langsam, aber stetig an, sich zu ändern. Nun hatte er mich. Er musste sich nicht mehr anstrengen. Die Aufmerksamkeiten ließen sehr bald nach, von Großzügigkeit war ganz deutlich nichts mehr zu spüren.

Ach, hätte ich doch schon damals gewusst, was ich heute weiß …

Da der Narzissmus die Tendenz im Mann ist, ständig selbstverliebt in den Spiegel zu blicken und die anderen zu übersehen, tut sich der Narzisst auch schwer, Verantwortung zu übernehmen. Und die größte Verantwortung, die ein Mann wohl übernehmen kann, ist die für eigene Kinder. Aus dieser Verantwortung schraubt sich der Narzisst gern heraus. Es geht ihm um seine Bedürfnisse, seine Befriedigung – auch durch das Kind. Der Psychoanalytiker Alexander Mitscherlich sah bereits 1963 in „Auf dem Weg zur vaterlosen Gesellschaft" die Ursache des allgegenwärtigen Konformismus. Der Vater habe an Autorität dermaßen verloren, dass er seinen Söhnen keine Identitätsfigur und seinen Töchtern kein Halt mehr sein kann. Der Vater fördere nicht mehr geistige Fähigkeiten und auch nicht die Fähigkeit zur andauernden Arbeit. Mitscherlich sieht die „Entväterlichung" an dem mangelnden Sozialisations- und Erziehungsgeschehen und an der verringerten innerfamiliären Machtposition.[49]

Ich habe oft mit Matthias über die gemeinsame Erziehung unserer drei Kinder diskutiert. Er spielte die Rolle des „good cop" und ich war demnach gezwungen, den „bad cop" zu übernehmen. Matthias war der beste Freund seiner Kinder, allen voran der Jungs. Ich hatte es so sehr vermisst, dass er mal „auf den Tisch hauen" würde, wenn sich die Kinder schlecht benahmen. Väterliche Stärke und Durchsetzungskraft konnte er nie zeigen. Er diskutierte zwar mit den Söhnen, aber er war gleichzeitig von schwacher Autorität. Umso mehr musste ich kämpfen, das Verhalten der Kinder in die richtigen Bahnen zu lenken. Dabei habe ich mich natürlich permanent bei ihnen unbeliebt gemacht. Logisch! Vor allem, als die Kinder in der Pubertät waren, habe ich mit ihnen viele Kämpfe ausgefochten. Der feine Papa hielt sich meistens vornehm zurück oder fiel mir sogar in den Rücken und hebelte dadurch auch noch meine Autorität aus. Ganz schwach!

Raphael Bonelli beschreibt in seinem Buch den Fall von Herrn O. aus seiner psychotherapeutischen Praxis:

Herr O. ist kein Vater, sondern bestenfalls ein Kumpel. In seiner Vaterrolle geht es ihm nur darum, sich von der minderjährigen Tochter

*geliebt und angenommen zu wissen – Verantwortung ist für ihn ein
Fremdwort. In dieser Hinsicht ist Herr O. ein typisches – narzisstisches – Kind unserer Zeit.*

*Der Männerforscher Matthias Stiehler beschreibt den „unvä-
terlichen Vater" als ein zentrales Merkmal der Wohlstandsgesell-
schaft. Er ist der Meinung, dass Väterlichkeit heute richtiggehend
tabuisiert wird. Werte wie Prinzipienfestigkeit, Begrenzung, Part-
nerschaftsfähigkeit, Ehrlichkeit und Verantwortung gingen dadurch
verloren.*[50]

Weiterhin erklärt Bonelli den Fall eines Narzissten, der *seiner
Frau das Wort im Mund umdreht und laut wird, wenn das Gespräch
nicht nach seinem Willen läuft. Er hat vor nichts Respekt. En „typisches" Gebet von ihm lautet: „Lieber Gott wir danken dir – dass die
Neger hungern und nicht wir."*

Es ist schon sehr erstaunlich, wie sich diese Geschichte deckt
mit dem Zusammentreffen meines Mannes mit unserem Besuch aus Kaschmir, moslemischen Glaubens. Sogar der Wort-
laut ist identisch!
Weiterhin beschreibt die Ehefrau ihren Narzissten:

*Er will Macht und Erfolg, hat einen irrsinnigen Geltungsdrang und
macht mich gerne öffentlich lächerlich. Er hat keinen Respekt und
keine Achtung vor mir. Er umgibt sich mit Volltrotteln, die mich aus
Unterwürfigkeit gegenüber meinem Mann auslachen, wenn er über
mich scherzt.*

*Mein Mann will die Trennung, aber keine Scheidung: Das käme
ihm zu teuer. Es gibt nichts, wo er nicht recht hat. Er ist nicht dank-
bar, es ist alles selbstverständlich. Er ist nie schuld. Er ist ganz dominant. Er hat in seinem Leben immer gemacht, was er wollte. Vor
der großen Gesellschaft spielen wir das heile Paar. Wenn ich Freunde einlade, geht er, er meidet meinen Freundeskreis.*[51]

Es ist genauso, als würde diese Frau meinen Mann beschreiben. Ich gebe ihr in jedem Punkt recht. Unglaublich, wie sich die Geschichten der betroffenen Frauen mit meiner Geschichte decken. Ich bin jedes Mal wieder erstaunt.

Folgende Geschichte einer Patientin Bonellis deckt sich auch zu 100 % mit dem von mir Erlebten:

„Seit Jahren will er nicht mit mir essen, er macht sich das Essen sogar selbst, obwohl ich es ihm gern machen würde. Er isst nicht, was ich ihm gekocht habe, nur um mich zu verletzen." [52]

Exakt wie bei mir.

11

Mann vs. Frau?

Die Psyche des Mannes weist viel stärker in Richtung des Narzissmus als das Seelenleben der Frau. Männer neigen in allen empirischen Studien eher zur Aggression, haben mehr Durchsetzungskraft, sind weniger empathisch, weisen eine schlechtere Gefühlserkennung und eine niedrigere soziale Sensibilität auf, sind zudem aktiver, kompetitiver, selbstbewusster und verüben weitaus mehr Verbrechen als Frauen. Das alles ist eine Erklärung dafür, warum Männer häufiger in die Narzissmusfalle tappen. Damit stellt sich die Frage, wie der Mann mit seiner Männlichkeit umgehen soll, um diesem Fehltritt zu entgehen. Dass der männliche Narzisst männlich ist, ist keine Nebensächlichkeit. Seine Männlichkeit prägt seinen Narzissmus; und die narzisstische Trias – Selbstidealisierung, Fremdabwertung und Selbstimmanenz – prägt wiederum seine Männlichkeit. Damit prägt sein Narzissmus gleichzeitig den Umgang mit dem anderen Geschlecht. Im klinischen Setting ist die Frau oft das erste Opfer und die letzte Bezugsperson, die ihm noch bleibt. Deswegen ist die Frau des Narzissten häufiger Gast beim Psychiater – viel häufiger als der Göttergatte selbst.

Frauen verfügen statistisch gesehen über umfangreicheres Vokabular, besseres sprachliches Ausdrucksvermögen, mehr Empathie, schnellere Auffassungsgabe, größeres Vorstellungsvermögen, bessere Gefühlserkennung, höhere soziale Sensibilität und eine diffizilere Feinmotorik. Frauen sind Männern überlegen. Ein männlicher Narzisst wird das nicht gern hören.

Männer hingegen haben eine ausgeprägtere Aggressivität, bessere visuell-räumliche Fähigkeiten, mehr Durchsetzungskraft, können besser systematisieren, besser 3-D-Rotationen nachvollziehen. Männer können besser Landkarten lesen und besser eine Form in einem größeren Design finden. Männer sind also den Frauen überlegen. Das hat der männliche Narzisst schon immer gewusst.[53]

Was sind nun die eklatanten Unterschiede zwischen Mann und Frau im Durchschnitt?

Darauf gibt Raphael Bonelli in seinem Vortrag „Bedienungsanleitung für eine glückliche Beziehung" Auskunft:

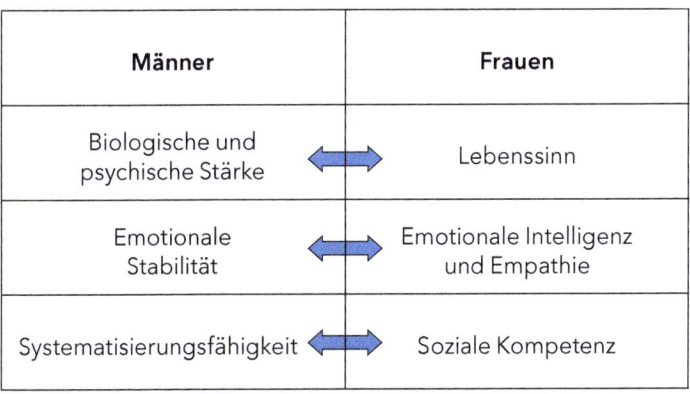

Männer	Frauen
Biologische und psychische Stärke	Lebenssinn
Emotionale Stabilität	Emotionale Intelligenz und Empathie
Systematisierungsfähigkeit	Soziale Kompetenz

Was drückt diese Gegenüberstellung dieser drei Ebenen aus? Sowohl im somatisch-körperlich, psychisch, als auch im emotionalen und kognitiven Bereich unterscheiden sich Männer von Frauen und umgekehrt. Männer und Frauen betrachten ihre Welt eben unterschiedlich. Im Bereich der emotionalen Intelligenz und Empathie sind Frauen den Männern haushoch überlegen. Genauso wie in den sprachlichen Fähigkeiten. Wir betrachten hier immer den Durchschnitt! Männer dagegen sind Spezialisten im Denken in Systemen, wie zum Beispiel in technischen Bereichen. Frauen nehmen mehr wahr und sehen genauer hin, was auf eine erhöhte soziale Kompetenz hindeutet. Hier trifft das Sprichwort „Der Mann sieht weit, die Frau sieht tief" ganz besonders zu. Frauen können sich emotional mehr in ihr Gegenüber hineinversetzen, empathisch mitempfinden. Wie gesagt, im Durchschnitt. Es gibt sicher auch zahlreiche Männer, die sehr einfühlsam ihre Umwelt wahrnehmen und auf sie reagieren, oder im Gegensatz dazu Frauen, die nicht mit anderen Menschen fühlen.

Die ideale Partnerschaft kann diese Unterschiede nutzen, indem der eine respektvoll die Begabungen des anderen wahrnimmt, die dieser in die Ehe einbringt. Dafür mag ein Begriff der chinesischen Philosophie ein gutes Bild sein: Yin und Yang. Sie stehen für polar einander entgegengesetzte und dennoch aufeinander bezogene Prinzipien.

Mann und Frau sind füreinander geschaffen, aufeinander hin. Männlichkeit und Weiblichkeit können einander ergänzen. Die Unterschiedlichkeit der Geschlechter kann zu gegenseitiger Bewunderung oder zu gegenseitiger Verachtung führen. Narzisstisches Denken – also die Selbstidealisierung unter Abwertung des anderen – führt immer zur Vergiftung dieser respektvollen Partnerschaftlichkeit. Männliche Narzissten können oder wollen die weiblichen Begabungen nicht wertschätzen – sie kommen gar nicht auf die Idee! – und betonen ihre dominante Hälfte unter brutalem Negieren der eigenen Schwächen. Narzissmus spaltet. Er bewirkt bei den Männern, dass sie sich von ihrer Frau nicht mehr erden, nicht mehr emotional korrigieren und beziehungstechnisch coachen lassen. Narzissmus zerstört also die biologische Harmonie zwischen den Geschlechtern: Er bringt egozentrische Begierde und Herrschsucht in die Beziehung hinein.

Das Hauptproblem eines Narzissten ist, dass er eine Frau nicht ernst nehmen kann, die nicht seinen Erfolg, seine Bildung und seine Intelligenz besitzt. Sie sind nicht auf gleicher Augenhöhe, weil sie das nicht leistet, was er zu leisten vermeint. Sie muss in seinen Augen das Gleiche leisten, damit er sie ernst nehmen kann. Er verachtet in seiner narzisstischen Sicht ihre Weiblichkeit, die eine empathische Ergänzung seiner Grobheit darstellen könne und die er eigentlich braucht wie die Pflanze das Licht. Die Ergänzung, die sie ihm sein könnte, sieht er nicht, weil er sich gar nicht als ergänzungsbedürftig wahrnimmt. Er kann das Yin in ihr nicht wahrnehmen und wertschätzen – deswegen bleibt sein Yang allein.[54]

Das Fazit lautet:

Frau und Mann ergänzen sich in ihren Eigenschaften wunderbar! Sie haben nur verschiedene Blickwinkel. Befruchtend wird dieses Ergänzen erst dann, wenn jeder Partner fragt „Was kann ich von dir lernen?". Kann ich die Begabungen des anderen wahrnehmen und schätzen? Weiß ich selbst um meine Schwächen? Lasse ich es zu, das der/die andere etwas besser kann als ich? Passiert diese Selbsteinschätzung beziehungsweise diese Achtung des anderen auf beiden Seiten?

Dann erst ist es eine Begegnung auf Augenhöhe! Dann kann wirkliche Gleichberechtigung beginnen. Gleichberechtigung heißt doch nicht, dass eine Frau wie ein Kerl funktionieren muss und umgekehrt. Gleichberechtigung erreichen wir dann, wenn wir uns unserer Stärken bewusst sind und wir davon überzeugt sind, dass wir zusammen ein Ganzes, ein Team sind. Betrachtet man die Erfolge weltweit operierender Konzerne, dann sind die Firmen am erfolgreichsten, die es zulassen, dass ihre Führungspositionen paritätisch sowohl Frauen als auch Männer besetzen.

Wir sollten so schnell wie möglich das unsäglich diffamierende Wort „Quotenfrau" aus unserem Sprachgebrauch streichen, denn es braucht für den Erfolg und die Ausgeglichenheit in einem Betrieb sowohl Quotenfrauen als auch Quotenmänner.

Die richtige Frage heißt: „Ich bin nur ein/e Mann/Frau, was kann ich von dir lernen?"

Aber – sobald der Satz heißt: „Du bist nur ein/e Mann/Frau und deshalb musst du das lernen", geht der Geschlechterkonflikt los! Im Betrieb und in der Partnerschaft.

Der österreichisch-jüdische Philosoph Martin Buber hat einen wunderbaren Satz geprägt:

„Am DU wird man zum ICH". Das heißt, an der Frau wird der Mann zum Mann und umgekehrt. Uns fasziniert das andere im anderen Geschlecht. Wir finden es anziehend. Lassen wir es zu, dass wir ganz Frau/Mann sind! Die drei Ebenen der unterschiedlichen Charakterzüge ergänzen sich gegenseitig perfekt. Das bedeutet „Anziehung". Und vor allem Entspannung in einer Beziehung.

Aber warum klappt es dann manchmal nicht zwischen Mann und Frau?

Auch diese Frage beleuchtet Raphael Bonelli in seinem Vortrag „Bedienungsanleitung für eine glückliche Beziehung":

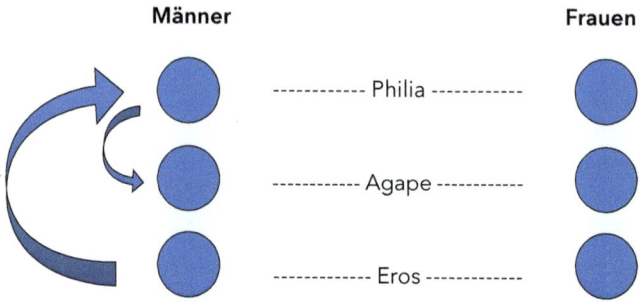

Am Anfang der Beziehung steht immer das attraktive Äußere, durch das man angezogen wird. Die begehrende Liebe, der Eros, ist hier in der Beziehung schwerpunktmäßig zu finden. *Er veredelt den Sexualtrieb. Eros basiert auf dem Bauchgefühl, das intensiv, aber äußerst flüchtig ist. Er ist der sinnliche Moment der Liebe zwischen zwei Menschen, und es macht die Beziehung angenehm, wenn ihr der Pep des Eros innewohnt. Siegmund Freud bezeichnet diesen Zustand mit dem Wort „Libido".[55]*

Die Veredlung und Weiterentwicklung der kurzfristigen begehrenden Liebe ist die langfristige schenkende Liebe. Philia und Agape wollen beide primär nichts für sich.

Das Ich verschwindet. Und das kann es nur, wenn Kopf und Herz eingeschaltet werden. Der Schritt vom Eros hin zu den höheren Formen des Liebens gelingt, wenn sich die Bauchgefühle vom Kopf kritisch hinterfragen und korrigieren lassen und das Herz dann in seiner Freiheit eine bedachte, vernünftige und verbindliche Entscheidung trifft. Beziehungen scheitern heute vielfach, weil das Gefühl gesucht wird und Kopf und Herz außen vor bleiben. Die erste schenkende Liebe ist die Philia, die Freundschaft: Sie will dem anderen Gutes.

Die Agape wiederum ist noch radikaler die Selbsthingabe an den geliebten Menschen mit ganzem Herzen. Die Agape gibt sich bedingungslos hin, ohne zu rechnen, ob sie etwas zurückbekommt. Der Mystiker Johannes vom Kreuz schrieb im 16. Jahrhundert: „Lege Liebe hinein, wo keine Liebe ist, und du wirst Liebe ernten." Die Agape kann Menschen verändern – auch Narzissten. Es geht ihr nicht um permanente Gefühle, sondern um eine Grundhaltung des Lebens.

Wenn Eros ein helles Strohfeuer ist, so ist die Agape eine stabile Glut. Narzissmus ist ein Konzept, das der Agape entgegengesetzt ist. Der Narzisst, der wahrhaft liebt (ein Du), löst sich von seinem Narzissmus ab. Anders als der Eros bleibt die Agape auf Kurs, selbst wenn die Gefühle kurzfristig aus der anderen Richtung wehen. Sie ist im Gegensatz zum Eros unspektakulär und wird oft übersehen. Sie kann über den Dingen und den Emotionen stehen und verzeihen – selbst wenn nicht um Verzeihung gebeten wird. Für die Agape steht das Du ganz und gar im Mittelpunkt, sie ist der reinste Aspekt der Liebe, sie ist in der Idealform Wohlwollen ohne egoistische Komponenten.

Verlieben passiert; Lieben hingegen ist die Folge einer Entscheidung.[56]

Zur Agape ist der Narzissmus nicht fähig. Präziser formuliert: die Agape ist sogar sein Gegenentwurf. Ein Narzisst, der sich zur Agape durchringt, hat in dem Moment aufgehört, Narzisst zu sein. Der Mensch, der im Narzissmus gefangen ist, hängt viel zu sehr an sich selbst, um sich hingeben zu können. Das „Hohelied der Liebe" von Paulus von Tarsus beschreibt die Agape meisterhaft.[57]

Eine Ironie des Schicksals, dass ausgerechnet Matthias diesen Text zu unserer kirchlichen Hochzeit ausgesucht hatte …

Hatte er damit die Agape nur von mir eingefordert? Sie selbst leben, dazu ist er bis heute nicht imstande.

Analog könnte man nach all dem, was wir schon über den Narzissmus wissen, problemlos dichten: „Narzissmus ist nicht wirklich langmütig, Narzissmus ist kein bisschen gütig. Er ereifert sich ständig und prahlt ununterbrochen, er bläht sich ständig auf. Er handelt ungehörig, sucht immer seinen Vorteil, lässt sich schnell zum Zorn reizen, trägt das Böse lange nach. Er freut sich über das Unrecht, wenn es ihm nützt, aber nicht an der Wahrheit. Er erträgt wenig, glaubt nichts, hofft nicht, hält nichts stand. Narzissmus isoliert sich selbst."[58]

Der richtige Weg zu einer gesunden Beziehung geht vom Eros, über die Philia zur Agape. Geht ein Paar vom Eros mit der Zeit nicht in die Tiefe, in eine echte Beziehung über, wird es problematisch. Was bedeutet die Freundschaft mit meinem/r Partner*in? Bin ich treu? Was tue ich, um die Freundschaft zu erhalten?

Die Weiterentwicklung dieser Freundschaft ist die Agape, ist die Herzenshingabe: „Ja, ich möchte mit dir alt werden." Die Hingabe zum Menschen, egal was passiert. Tiefe, ehrlich empfundene, selbstlose Menschenliebe. Sie beinhaltet auch die Fähigkeit, über seinen eigenen Schatten zu springen und um echte Verzeihung zu bitten, wenn man jemanden gedemütigt hat. Davon ist Matthias meilenweit entfernt. Leider.

12

Gibt es überhaupt einen Ausweg?

Gibt es einen Ausweg aus meinem Dilemma, in dem ich seit der Hochzeit vor mehr als 27 Jahren stecke? Kann man nach so langer Zeit noch etwas ändern in der Beziehung? Ganz ehrlich: Ich weiß es nicht. Ich weiß nicht, ob es in meinem Fall noch Hoffnung gibt. Aber die Hoffnung stirbt ja bekanntlich zuletzt.

Auch hier liefert Dr. Dr. Raphael Bonelli wieder fundierte Antworten. In zahlreichen Vorträgen erläutert er strukturiert, was einen beziehungsfähigen Menschen ausmacht und wie man dazu wird.

In einem einfachen Modell, in dem die ganze Neurowissenschaft des 21. Jahrhunderts zusammengefasst ist, erklärt der Psychiater, Neurologe und Psychotherapeut die Dynamik des Menschen.

Kopf, Herz und Bauch werden als Metapher in folgendem Modell benutzt:

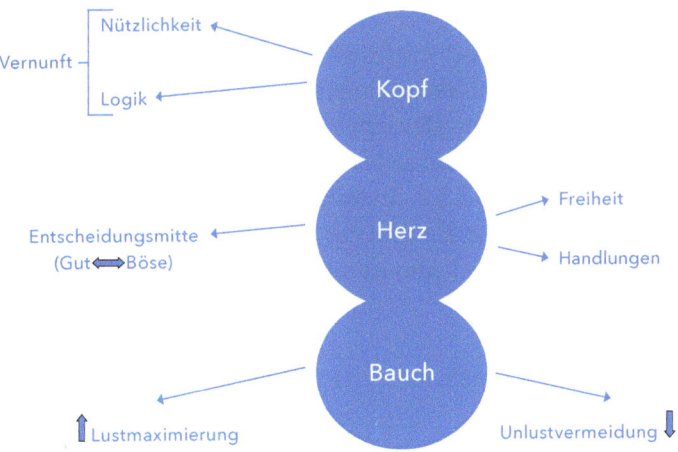

145

Der **Bauch** als Sitz der Emotionalität, wird bei Siegmund Freud durch das „Es" ausgedrückt. Der Bauch hat zwei maßgebliche Funktionen: die Lustmaximierung und die Unlustvermeidung. Lustmaximierung wären z. B. die sieben Todsünden, außerdem Essen, Trinken, Alkohol und Sex. Um hier das richtige Maß anzusetzen, benötigt der Mensch den Kopf als kognitives Korrektiv: „Ist mein Tun vernünftig und nützlich?" Siegmund Freud sagt: Der Bauch kennt keine Moral! Moral als die Gesamtheit von ethisch-sittlichen Normen, Grundsätzen und Werten, die das zwischenmenschliche Verhalten einer Gesellschaft regulieren, die von ihr als verbindlich akzeptiert werden. Es ist wichtig, dass wir das Bauchgefühl mit dem Kopf, also mit unserem sittlichen Werten in Korrelation setzen. Ein Kind wird zum Beispiel als reiner „Bauchmensch" geboren. Kopf und Herz sind noch nicht ausgebildet.

Die Egozentrik kann auch im Bauch liegen. Ein Egozentriker denkt nur an seinen Lustgewinn. Unsere Emotionen können wir uns nicht aussuchen. Hier sind wir nicht frei. Aber der Kopf kann darüber nachdenken, ob eine Emotion vernünftig ist. Dann erst kommt das Herz zu einem Entschluss und in der Folge zu einer Handlung.

Das **Herz** als das, was der Mensch selbst als gut bzw. böse empfindet. Die ethisch-sittlichen Wertvorstellungen manifestieren sich hier als subjektive Empfindung. Bei den meisten Menschen herrschen die gleichen Wertvorstellungen. Somit entscheidet man, wie man selbst behandelt werden möchte. Das Herz ist die zentrale Schaltstelle. Es kommt darauf an, ob das Herz aufmacht! Das Herz ist der Sitz der Freiheit.

Aus dem Herzen kommen die Handlungen und diese Handlungen prägen uns.

Für ein freies Handeln müssen folgende Voraussetzungen herrschen:

1. Innere Ordnung: Was ist wichtig, was ist unwichtig? Was hat Priorität?

Diese Überlegungen machen eine geordnete Handlung erst möglich.

2. Kooperation: Fähigkeit, mit einem „Du" umzugehen: Was möchtest du? Was möchte ich? Wie geht es dir? Wie kommen wir zusammen?

3. Selbsttranszendenz: Der Mensch betrachtet etwas Höheres, das höher ist als er selbst – das Wahre, das Schöne und das Gute. Die Weltreligionen setzen dies mit dem Gottesbild gleich. Durch diese Richtung ordnet sich alles. Es gibt dem System Mensch eine Richtung. Dadurch ist es erst möglich, Selbstdistanz aufzubauen.

Nur wenn wir diese drei Punkte wirklich leben, können wir mehr und mehr frei in unseren Handlungen werden. Der amerikanische Psychologe Martin Seligman spricht von vier Kardinaltugenden: Klugheit, Gerechtigkeit, Tapferkeit und Maß.

Wie wird der Mensch beziehungsfähig? Er wird dann beziehungsfähig, wenn er ein Leben lang an sich arbeitet! Wenn er im Sinne der Selbstreflexion immer wieder hinterfragt, welche Handlungen gut und welche schlecht sind.

Der **Kopf** als Zentrale der Vernunft ist wiederum sehr abhängig vom Herz. Wir können nur über Gefühle nachdenken, die uns bewusst sind. Viele Menschen wollen ihre Gefühle gar nicht wahrhaben und sie wollen auch viele Gedanken gar nicht denken. Die menschliche Vernunft ist extrem abhängig vom menschlichen Willen, der im Herzen verankert ist. Ohne den Willen, die Wahrheit zu erkennen, erkennt man nichts, sondern findet nur Argumente, warum die Wahrheit nicht die Wahrheit ist.

Betrachtet man den Perfektionismus im Gegensatz zum Narzissmus, gibt es einen fließenden Übergang. Beim Narzissten überwiegt die Egozentrik des Herzens. Er kreist selbstverliebt um sich selbst. Der Unterschied zum Perfektionisten ist, dass dieser ängstlich um sich selbst kreist. Ein Perfektionist will die Sachen gut machen, damit die anderen gut über ihn denken. Damit er gut dasteht. Aber, es geht ihm gar nicht um die Sache an sich, sondern es geht ihm nur um sich selbst! Er läuft mit einer Maske herum: die Maske der Perfektion.

Vom Perfektionismus betroffen sind meist jüngere Menschen, die noch nicht sehr erfolgreich sind. Sie wissen, wenn sie fleißig sind, wird sich der Erfolg einstellen. Diese Menschen erfahren viel positive Anerkennung mit ihrem permanenten Fleiß. Man gewöhnt sich an diese Erfahrung. Die Angst, zu versagen, verschwindet mit den Jahren und der Perfektionist kreist nicht mehr ängstlich um sich selbst, sondern dieses Kreisen nimmt mehr und mehr selbstverliebte Züge an. Aber auf jeden Fall bleibt das auffällige „Kreisen um sich selbst".

Aber – der Mensch ist doch immer auf ein „Du" hin gerichtet. Wir brauchen ein „Du", um wirklich zum „Ich" zu kommen.

Sowohl Perfektionisten als auch Narzissten kreisen also permanent um sich selbst. Beiden gemeinsam ist die Tendenz zur Verdrängung, vor allem der Schuldverdrängung. Das heißt, sie können nicht um Verzeihung bitten, denn dann müssten sie sich ja klein machen. Diese Größe haben sie nicht.

Männer sind eher narzisstisch veranlagt, Frauen anteilig mehr perfektionistisch.

Wie können diese Menschen ihre gewohnte Spirale verlassen?

Das Zauberwort für beide heißt „Dienst". Die eigene Arbeit als einen „Dienst" anzusehen, hilft uns, psychisch gesund zu bleiben.

Betrachten wir unsere Arbeitswelt, wäre es zum Beispiel eine falsche Motivation, wenn man die Arbeit „für sich selbst" machen würde. Das würde heißen, die Arbeit steht im Wertekatalog an oberster Stelle! Man könnte nicht „Stopp" sagen. Dadurch vernachlässigt man Freunde, den Sport, die Familie uvm. Am Ende steht man alleine da, weil man sich eigene Prioritäten gesetzt hat, weil man aus eigener Bedürftigkeit heraus gehandelt hat. Natürlich bekommt man durch die Arbeit viel Anerkennung zurück. Menschen definieren sich immer mehr über ihren Beruf und merken nicht, dass sie in ein vollkommenes Ungleichgewicht geraten.

Der „Dienst" ist der Schlüssel für die psychische Sanierung!

Das Wort „Dienst" ist für den Narzissmus ein Horror – und bezeichnenderweise in unserer narzisstischen Gesellschaft auch ein eher verpönter Begriff. Aber genau in ihm liegt die Selbsttranszendenz verborgen, genau der Diener eines Herrn ist fähig, sich selbst zu relativieren und das Höhere anzuerkennen: etwa das Gute, Wahre und Schöne.

Es gibt keinen positiven Narzissmus. Denn Narzissmus bedeutet, sich über andere zu stellen, die Mitmenschen abzuwerten und vor lauter Selbstgefälligkeit jegliche Transzendenz aus den Augen zu verlieren. Jeder Narzissmus ist für das Zusammenleben ein Unglück, auch ein kleines bisschen ist schädlich. Jeder Mann (auch manche Frau) trägt so manche narzisstische Tendenz in sich. Jeder hat zwei Seelen in seiner Brust, also zwei Richtungen in seinem Herzen. Einerseits die Eigenliebe – und andererseits die Sehnsucht, jemanden zu lieben und sich zu verschenken. Dem Mann fehlt es zunehmend an Kompetenz, damit richtg umzugehen. Das ist heute unser Problem. Durch eine extrem inflationär lobende Erziehung und den Zeitgeist der „Generation Ego" weisen mittlerweile immer mehr Menschen in der westlichen Welt ein überhöhtes Selbstwertgefühl auf. Und die entsprechenden Umfragewerte auf den Narzissmus-Fragebögen steigen, insbesondere bei jüngeren Menschen. Je mehr ein Kind durch eine ausgewogene Erziehung an das Adler'sche Gemeinschaftsgefühl gewöhnt ist, umso leichter tut es sich, dem Nächsten als gleichwertigem Mitbürger auf gleicher Augenhöhe zu begegnen. Je mehr dem Kind aber eingeredet wurde, dass es ganz, ganz toll ist und zuerst einmal auf sich und seine Bedürfnisse schauen müsse, umso mehr wird sein Narzissmus zur Selbstverständlichkeit. Eine psychohygienisch wichtige Aufgabe, vor der jeder Mann steht, ist, im Rahmen seiner Persönlichkeitsbildung seine narzisstischen Anteile zu erkennen, nicht davor zu erschrecken und dieser Tendenz entgegenzuwirken. Der innere Narzissmus kann zurückgedrängt werden oder sogar befördert.

Je öfter der Mann narzisstisch handelt, umso mehr sickert das Handlungsmuster ins Bauchgefühl und wird zu einer Selbstverständlichkeit. Je öfter jemand seinen Narzissmus ausagiert, umso mehr wird das Gewissen und das empathische Gespür mundtot gemacht angesichts der unmenschlichen Rücksichtslosigkeit.

Die narzisstische Versuchung, der jeder Mann bis zu einem gewissen Grad unterliegt, besteht in Selbstidealisierung, Fremdabwertung und Selbstimmanenz. Alle drei fesseln ihn an sich selbst und schließen ihn nach außen hin ab. Die Fesseln des Narzissmus streift er dann ab, wenn er die Selbstkontrolle einübt und sich öffnet: einerseits für Beziehungen auf gleicher Augenhöhe, andererseits für das Schöne, Wahre und Gute.[59]

Kann man einem Narzissten überhaupt verzeihen? Kann ich vergeben? Ich weiß es nicht. Was ich mir aber vorstellen könnte, ist, dass wenn Matthias aus tiefstem Herzen einsehen würde, dass er mich über so viele Jahre schlecht behandelt hat, um ehrliche Vergebung bittet, eine Heilung meiner Seele stattfinden könnte. In langsamen Schritten. Aber ich könnte es zulassen.

Aber bis heute kann ich mir nicht vorstellen, dass ein Einsehen seinerseits möglich wäre. Denn Matthias weiß überhaupt nicht, was er falsch gemacht haben könnte.

Epilog

Seit dem Jahr 2000 gibt es jedes Jahr am 25. November den „Internationalen Tag gegen Gewalt an Frauen". Jedes Mal frage ich mich, wieso man allein der körperlichen Gewalt gegen Frauen gedenkt und die seelischen Misshandlungen außer Acht lässt. Dass körperliche Gewalt geahndet und geächtet werden muss, steht außer Frage, aber seelische Grausamkeiten hinterlassen einen ähnlichen Trümmerhaufen an Wut und Schmerz. Und die Täter ziehen sich elegant aus der Affäre, denn der Psychoterror hinterlässt keine sichtbaren Spuren. Im Zweifelsfall ist halt die Frau „selbst schuld", da sie so empfindlich ist oder sie eben keinen Humor hat, da doch alles eher lustig gemeint sei. Oder – ist die Ursache vielleicht im Elternhaus der Frau zu suchen? Hat man bei der Schwiegermutter nicht auch schon solche Tendenzen bemerkt? Täter können sich immer aus der Affäre ziehen, wenn sie behaupten, sie hätten das alles nicht so gemeint und die Frau würde alles falsch verstehen.

Auf diesen Mist habe ich keine Lust mehr! Ich möchte nicht als Opfer gesehen werden. Auf keinen Fall. Ich wehre mich gegen Ungerechtigkeiten, Respektlosigkeiten, Unverschämtheiten, Lieblosigkeiten, Demütigungen, Zurückweisung, Entwertung, Entwürdigung und Verachtung mit aller mir zur Verfügung stehenden Kraft.

Ich fordere meine Mit-Frauen dazu auf, Stärke zu beweisen und ihren Männern Paroli zu bieten. Wir alle haben ein Recht darauf, anständig behandelt zu werden. Und das meine ich wörtlich: mit Anstand. Diesen Anstand lässt mein Mann auf ganzer Linie vermissen. Leider kann ich nicht nachholen, was seine Eltern in der Erziehung versäumt haben. Ich habe das viel zu spät erkannt. Viele Jahre habe ich gehofft, etwas ändern zu können.

Ich habe wirklich schwer daran gearbeitet. Es hat nicht funktioniert. Nun habe ich die Hoffnung aufgegeben. Ich kann mich einzig und allein vor ihm und seinen verbalen Tiefschlägen schützen, wenn ich ihm keine Bühne mehr dafür biete.

Also habe ich beschlossen, nicht mehr mit ihm zu kommunizieren. Nicht mit Worten, nicht mit Gesten, nicht mit Blicken. Ich ignoriere ihn. Seit nunmehr sechs Monaten. Seitdem bin ich zu seiner ärgsten Feindin mutiert. Er lässt es mich spüren, jeden Tag. Das macht mir aber nichts mehr aus. Ich bin zu der Erkenntnis gekommen, dass ich mich aus jeder Szene ohne Probleme rausnehmen kann. Ich habe meine Souveränität wiedergefunden. Er kann mir nichts mehr anhaben. Das ärgert ihn unfassbar und macht mich umso stärker. Ich habe keine Angst mehr. Nie wieder.

Ich weiß nicht, ob ich diese Methode meinen Mit-Frauen, die Ähnliches erleben müssen, raten kann. Man braucht viel Energie und einen stabilen, unsichtbaren Schutzraum um sich herum. Und man braucht Unterstützer, denen man sich anvertrauen kann. Alleine ist es kaum zu schaffen. Aber einen Versuch wäre es allemal wert.

Was ich mir wünschen würde? Ich würde mir wünschen, dass mein Mann eines Tages zu einer tiefen Einsicht in seinem Herzen gelangt und ihm bewusst wird, wie schäbig er mich in den mittlerweile mehr als 27 Ehejahren behandelt hat. Würde er sich aufrichtig für seine psychischen Misshandlungen entschuldigen, würde ich ihm verzeihen, ja sogar vergeben. Dann wäre eine Basis für ein neues, gemeinsames Miteinander auf gleicher Augenhöhe geschaffen. Aber, er weiß ja noch nicht einmal, wofür er sich entschuldigen müsste.

Unsere Gesellschaft ist seit 1957 geprägt von dem Gedanken der Gleichberechtigung von Mann und Frau. Von dem Zeitpunkt an, als der Deutsche Bundestag mit dem Beschluss des Gleichberechtigungsgesetzes eine Neuordnung des Grundgesetzes Artikel 2, Absatz 3, vollzog.

63 Jahre voller Entwicklung, im beruflichen wie im alltäglichen Leben. In Familien und Partnerschaften. Immer mehr

wurde die Frau direkt oder indirekt veranlasst, ihren „Mann" zu stehen, um mindestens so gut zu sein wie ein Mann. Erst dann, wenn sie besser war als alle anderen männlichen Mitbewerber, konnte sie einen der begehrten, hochdotierten Jobs ergattern, um sich danach zwischen Beruf und Kinder zu zerreißen. Im Gegenzug dazu entdeckten die Männer immer mehr ihre „weiblichen" Seiten. Mittlerweile ist der Mann nicht selten zum Softie degeneriert, soll seine weiblichen Seiten ausleben und erlebt vielleicht genau deswegen eine Sinnkrise, die ihresgleichen sucht. Und trotz alledem geht es in vielen Partnerschaften immer noch um das Pokern um die Macht. Die Macht wird ausgespielt, darf nicht verloren gehen, muss verteidigt werden usw. usf. Leider ein uraltes Spiel, das Männer und Frauen unnötig Kraft kostet und worunter sehr oft ihre Kinder leiden.

Erst, wenn die Tatsache, dass Mann und Frau – beziehungsweise auch Partner in anderen Lebensgemeinschaften – sich perfekt ergänzen, unser Bewusstsein erreicht und unser Denken bestimmt, dann ist wirkliche Gleichberechtigung möglich. Frauen sind anders, Männer auch. Und das ist gut so. Zusammen bilden wir eine perfekte Einheit. Wenn jede und jeder so sein darf, wie es der natürliche Plan vorgesehen hat, dann erst kann Entspannung einsetzen. Respekt, Wohlwollen, Gelassenheit, Offenheit und wirkliche Zuneigung zum Wesen des Menschen vorausgesetzt. Dann kann ehrliche Gleichberechtigung wachsen. Dann ist Frieden nicht mehr weit.

Hin zum Guten, Wahren und Schönen.

Wally Gruber

Zitatesammlung

Falls nicht anderweitig vermerkt, entstammen alle entnommenen, kursiv gedruckten Zitate dem Buch von Christine Merzeder:

„Wie schleichendes Gift – Narzisstischen Missbrauch in Beziehungen überleben und heilen."
Scorpio-Verlag, München, 2015, 2. Auflage.

(a) S. 70
(b) S. 83–84
(c) S. 91

Außerdem von Raphael M. Bonelli:

„Männlicher Narzissmus. Das Drama der Liebe, die um sich selbst kreist."
Kösel-Verlag München, 2016, 3. Auflage.

(1) S. 7
(2) S. 11
(3) S. 12
(4) S. 31
(5) S. 32
(6) S. 33
(7) S. 38
(8) S. 263
(9) S. 40
(10) S. 68
(11) S. 69–71

(12) S. 71
(13) S. 74
(14) S. 86
(15) S. 90–91
(16) S. 92
(17) S. 93–94
(18) S. 97–99
(19) S. 100
(20) S. 102–103
(21) S. 103
(22) S. 114

(23) S. 115–116
(24) S. 117–118
(25) S. 118–119
(26) S. 120
(27) S. 121
(28) S. 135
(29) S. 140
(30) S. 141–142
(31) S. 145
(32) S. 146–147
(33) S. 147
(34) S. 148–149
(35) S. 150–152
(36) S. 152–153
(37) S. 154
(38) S. 154–157
(39) S. 157–160
(40) S. 160–161
(41) S. 163
(42) S. 164

(43) 1. Kor. 13/
www.bibelwerk.de/
Katholisches Bibelwerk
(44) S. 186–188
(45) S. 189
(46) S. 194–199
(47) S. 188
(48) S. 216
(49) S. 221–222
(50) S. 226
(51) S. 246–247
(52) S. 184
(53) S. 200–204
(54) S. 205–208
(55) S. 177
(56) S. 181–184
(57) S. 186
(58) S. 186
(59) S. 256–259

Quellenverzeichnis

Raphael M. Bonelli
Männlicher Narzissmus.
Das Drama der Liebe, die um sich selbst kreist.
Kösel Verlag, München, 3. Auflage, 2016

Christine Merzeder
Wie schleichendes Gift. Narzisstischen Missbrauch
in Beziehungen überleben und heilen.
Scorpio Verlag, 2. Auflage, 2015

Raphael M. Bonelli
Perfektionismus. Wenn das Soll zum Muss wird.
Droemer Verlag, 2019

Raphael M. Bonelli
Vortrag:
„Bedienungsanleitung für eine glückliche Beziehung",
YouTube:
https://www.youtube.com/watch?v=-z5bdX7DOxQ

Raphael M. Bonelli
Vortrag:
„Perfektionisten und Narzissten in Beziehung und Familie",
YouTube:
https://www.youtube.com/watch?v=aVS5hBGPrw4

Raphael M. Bonelli
Vortrag:
„Narzissmus erkennen: Narzissten sehnen sich nach Bewunderung."
YouTube:
https://www.youtube.com/watch?v=JI_STv7VRRE&t=208s

Michael Winterhoff
Vortrag:
„Her Majesty the Baby: Wie Erziehung narzisstisch macht",
YouTube:
https://www.youtube.com/watch?v=Av-XSuv9DW_M&list=PLPaKUpSgixANRJvV u1tkk-bhhu1cGdhnCQ

Vera F. Birkenbihl
Männer – Frauen, Teil 1 und 2
YouTube:
https://www.youtube.com/watch?v=dG0pJ2I5RB4

Die Autorin

Die in einer bayerischen Kleinstadt geborene Wally
Gruber wuchs in einer Arbeiterfamilie auf. Nach
dem Abitur absolvierte sie ein Studium für das
Lehramt an Realschulen in den Fächern Musik und
Sport. Die verheiratete Mutter dreier erwachse-
ner Kinder lebt und arbeitet heute in der Nähe
einer mittelgroßen Stadt, wo sie 23 Jahre lang im
Ensemble eines Sporttheaters war. Seit 1986 ist
Wally Gruber Mitglied eines Orchesters, seit 1991
verbeamtete Lehrerin. Zudem ist sie seit 2005
nebenberuflich als Coach für Körpersprache tätig.
Ihre Freizeit gestaltet sie gerne sportlich: Skifahren,
Snowboarden, Tanzen, Reiten und Fitness sind –
neben dem Geige spielen – ihre Lieblingsbeschäf-
tigungen.

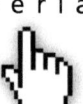